INDICE

INTRODUZIONE

Il Growth Hacking una metodologia che si basa sull'utilizzo di dati, esperimenti e creativit per accelerare la crescita di un business. una metodologia relativamente nuova, nata negli anni 2000, ma che si sta rapidamente diffondendo in tutto il mondo.

Le startup sono le aziende che traggono maggiori benefici dall'utilizzo del Growth Hacking. Questo perch le startup hanno tipicamente un budget limitato e un tempo di sviluppo breve, quindi devono trovare modi per crescere rapidamente e in modo efficiente.

Il Growth Hacking pu portare benefici alle startup in diversi modi, tra cui:

- **Aumento della visibilit** : il Growth Hacking pu aiutare le startup a raggiungere un pubblico pi ampio e a farsi conoscere.

- **Incremento delle conversioni:** il Growth Hacking pu aiutare le startup a convertire pi visitatori in clienti.

- **Miglioramento della retention:** il Growth Hacking pu aiutare le startup a fidelizzare i clienti e a farli tornare.

Ecco alcuni esempi concreti di come il Growth Hacking pu essere utilizzato dalle startup:

- **Una startup di e-commerce potrebbe utilizzare il Growth Hacking per testare diverse strategie di marketing per aumentare le conversioni.**

- **Una startup di software potrebbe utilizzare il Growth Hacking per migliorare l'esperienza utente del suo prodotto, in modo da aumentare la retention.**

- **Una startup di social media potrebbe utilizzare il Growth Hacking per creare contenuti virali, in modo da aumentare la visibilit .**

In conclusione, l'utilizzo di un approccio di tipo Growth Hacking pu portare numerosi benefici per la crescita di un business di una startup. Il Growth Hacking una metodologia versatile che pu essere adattata a qualsiasi tipo di business.

Per la tesi di laurea, possibile approfondire uno o pi dei seguenti aspetti:

•**Una panoramica completa del Growth Hacking, con particolare attenzione alle sue origini, ai suoi principi e alle sue tecniche.**

•**Un caso studio di una startup che ha utilizzato il Growth Hacking per crescere.**

•**Una ricerca empirica che analizzi l'efficacia del Growth Hacking per la crescita delle startup.**

La scelta dell'argomento dipender dagli interessi e dalle competenze dello studente.

Il Growth Hacking un approccio che unisce tecniche di marketing, sviluppo del prodotto e analisi dei dati per accelerare la crescita di un business.

I tre concetti fondamentali del Growth Hacking sono:

•**Sviluppo del prodotto:** il Growth Hacking si concentra sul miglioramento del prodotto o del servizio in modo da renderlo pi attrattivo per i potenziali clienti.

•**Analisi dei dati:** il Growth Hacking utilizza i dati per comprendere il comportamento dei clienti e per ottimizzare le strategie di marketing.

•**Marketing digitale:** il Growth Hacking utilizza i canali di marketing digitale per raggiungere un pubblico pi ampio e per convertire i visitatori in clienti.

L'obiettivo principale del Growth Hacking individuare, sulla base di questi tre concetti, i metodi pi efficaci per far crescere il business.

Per raggiungere questo obiettivo, il Growth Hacking si basa su una serie di tecniche, tra cui:

•**Test A/B:** il Growth Hacking utilizza i test A/B per confrontare diverse versioni di un prodotto, di un messaggio di marketing o di una strategia di marketing.

•**Crowdsourcing:** il Growth Hacking utilizza il crowdsourcing per coinvolgere gli utenti nella creazione di contenuti o nella promozione di un prodotto o servizio.

•**Influencer marketing:** il Growth Hacking utilizza gli influencer per raggiungere un pubblico pi ampio.

Il Growth Hacking una metodologia versatile che pu essere adattata a qualsiasi tipo di business, dalle startup alle aziende consolidate.

Il mondo delle startup un mondo affascinante e in continua evoluzione. Le startup sono aziende innovative che si trovano nelle prime fasi di sviluppo. Hanno un'idea o un prodotto nuovo e innovativo che vogliono portare sul mercato.

Le startup sono caratterizzate da alcuni elementi comuni, tra cui:

•**Innovazione:** le startup si basano su un'idea o un prodotto nuovo e innovativo.

•**Crescita rapida:** le startup hanno come obiettivo la crescita rapida.

- **Risparmio:** le startup hanno tipicamente un budget limitato.

Le startup sono spesso associate alla Silicon Valley, la regione della California meridionale che considerata il centro mondiale dell'innovazione tecnologica. La Silicon Valley   stata il luogo di nascita di molte startup di successo, tra cui Apple, Google, Facebook e Twitter.

Il Growth Hacking   una metodologia che   stata sviluppata proprio nel mondo delle startup della Silicon Valley.   una metodologia che si basa sull'utilizzo di dati, esperimenti e creativit   per accelerare la crescita di un business.

Per capire bene che cos'   il Growth Hacking,   importante comprendere le sfide che devono affrontare le startup. Le startup hanno tipicamente un budget limitato e un tempo di sviluppo breve. Hanno bisogno di trovare modi per crescere rapidamente e in modo efficiente.

Il Growth Hacking offre alle startup una serie di strumenti e tecniche che possono aiutarle a raggiungere questi obiettivi. Il Growth Hacking si concentra su tre aree principali:

- **Sviluppo del prodotto:** il Growth Hacking si concentra sul miglioramento del prodotto o del servizio in modo da renderlo pi   attrattivo per i potenziali clienti.

- **Analisi dei dati:** il Growth Hacking utilizza i dati per comprendere il comportamento dei clienti e per ottimizzare le strategie di marketing.

- **Marketing digitale:** il Growth Hacking utilizza i canali di marketing digitale per raggiungere un pubblico pi   ampio e per convertire i visitatori in clienti.

Il Growth Hacking   una metodologia versatile che pu   essere adattata a qualsiasi tipo di business, dalle startup alle aziende consolidate. Tuttavia,   particolarmente efficace per le startup, che hanno bisogno di trovare modi per crescere rapidamente e in modo efficiente.

Ecco alcuni esempi concreti di come il Growth Hacking pu   essere utilizzato dalle startup:

- **Una startup di e-commerce potrebbe utilizzare il Growth Hacking per testare diverse strategie di marketing per aumentare le conversioni.**

- **Una startup di software potrebbe utilizzare il Growth Hacking per migliorare l'esperienza utente del suo prodotto, in modo da aumentare la retention.**

- **Una startup di social media potrebbe utilizzare il Growth Hacking per creare contenuti virali, in modo da aumentare la visibilit .**

Il Growth Hacking   una metodologia in continua evoluzione. Nuove tecniche e strategie vengono sviluppate costantemente. Le startup che vogliono rimanere competitive devono essere disposte a sperimentare e ad adattarsi alle nuove tendenze.

La crescita   un obiettivo fondamentale per ogni startup. Le startup sono aziende innovative che si trovano nelle prime fasi di sviluppo. Hanno un'idea o un prodotto nuovo e innovativo che vogliono portare sul mercato. Per avere successo, devono crescere rapidamente e raggiungere un mercato significativo.

La velocit   un altro elemento essenziale per le startup. Le startup hanno tipicamente un budget limitato e un tempo di sviluppo breve. Hanno bisogno di trovare modi per crescere rapidamente e in modo efficiente.

Il modello di business scalabile   una caratteristica che consente alle startup di raggiungere la crescita e la velocit . Un modello di business scalabile   un modello che pu essere replicato su larga scala senza costi aggiuntivi. Ad esempio, un modello di business basato sul cloud computing   scalabile perch pu essere utilizzato per soddisfare le esigenze di un numero sempre crescente di utenti senza dover investire in nuove infrastrutture.

La definizione di startup di Paul Graham   stata molto influente nella definizione del concetto di startup.   una definizione semplice, ma efficace che cattura l'essenza di cosa significa essere una startup.

Ecco alcuni esempi di come le startup possono utilizzare il modello di business scalabile per raggiungere la crescita e la velocit :

•**Una startup di e-commerce potrebbe utilizzare un modello di business basato sull'e-commerce per raggiungere un mercato globale senza dover aprire negozi fisici in tutto il mondo.**

•**Una startup di software potrebbe utilizzare un modello di business basato sul software as a service (SaaS) per raggiungere un numero illimitato di utenti senza dover vendere licenze individuali.**

•**Una startup di social media potrebbe utilizzare un modello di business basato sulla pubblicit per generare entrate senza dover vendere prodotti o servizi propri.**

Il modello di business scalabile   uno strumento importante che le startup possono utilizzare per raggiungere i loro obiettivi di crescita e velocit .

Il Growth Hacking   una metodologia che si propone di accelerare la crescita di un business, utilizzando una combinazione di tecniche di marketing, sviluppo del prodotto e analisi dei dati.

Il Growth Hacking si basa su un approccio diverso dal marketing tradizionale, che si concentra principalmente sulla promozione di un prodotto o servizio attraverso i canali di marketing tradizionali. Il Growth Hacking, invece, si concentra sulla creazione di un modello di crescita sostenibile, che sia scalabile e che possa essere replicato su larga scala.

Per raggiungere questo obiettivo, il Growth Hacking si basa su tre pilastri fondamentali:

•**Sviluppo del prodotto:** il Growth Hacking si concentra sul miglioramento del prodotto o del servizio in modo da renderlo pi attrattivo per i potenziali clienti.

•**Analisi dei dati:** il Growth Hacking utilizza i dati per comprendere il comportamento dei clienti e per ottimizzare le strategie di marketing.

- **Marketing digitale:** il Growth Hacking utilizza i canali di marketing digitale per raggiungere un pubblico pi ampio e per convertire i visitatori in clienti.

Il Growth Hacking   una metodologia versatile che pu essere adattata a qualsiasi tipo di business, dalle startup alle aziende consolidate. Tuttavia,   particolarmente efficace per le startup, che hanno bisogno di trovare modi per crescere rapidamente e in modo efficiente.

Ecco alcuni esempi concreti di come il Growth Hacking pu essere utilizzato dalle startup:

- **Una startup di e-commerce potrebbe utilizzare il Growth Hacking per testare diverse strategie di marketing per aumentare le conversioni.**
- **Una startup di software potrebbe utilizzare il Growth Hacking per migliorare l'esperienza utente del suo prodotto, in modo da aumentare la retention.**
- **Una startup di social media potrebbe utilizzare il Growth Hacking per creare contenuti virali, in modo da aumentare la visibilit .**

Il Growth Hacking   una metodologia in continua evoluzione. Nuove tecniche e strategie vengono sviluppate costantemente. Le startup che vogliono rimanere competitive devono essere disposte a sperimentare e ad adattarsi alle nuove tendenze.

In sintesi, il Growth Hacking   una metodologia che pu essere molto efficace per le startup che vogliono accelerare la loro crescita.   una metodologia che si basa su un approccio diverso dal marketing tradizionale, che si concentra sulla creazione di un modello di crescita sostenibile, che sia scalabile e che possa essere replicato su larga scala

Sean Ellis   un imprenditore e consulente di marketing americano.   noto per aver coniato il termine "Growth Hacking" e per aver fondato l'azienda Growth Hackers, che fornisce servizi di consulenza e formazione in materia di Growth Hacking.

Ellis ha iniziato la sua carriera nel marketing nel 2003, lavorando per la societ di software di analisi Kissmetrics. In questo ruolo, ha sviluppato una serie di tecniche di marketing innovative che hanno contribuito alla crescita dell'azienda.

Nel 2007, Ellis ha fondato l'azienda Growth Hackers, che fornisce servizi di consulenza e formazione in materia di Growth Hacking. L'azienda ha aiutato molte startup a crescere rapidamente, tra cui Dropbox, Airbnb e Eventbrite.

Nel 2010, Ellis ha pubblicato un articolo intitolato "Find a Growth Hacker for Your Startup" ("Trova un Growth Hacker per la tua Startup"). In questo articolo, Ellis ha definito il Growth Hacking come "l'arte di trovare e applicare strategie non convenzionali per far crescere rapidamente un business".

Ellis ha coniato il termine "Growth Hacking" perch   credeva che fosse necessario un nuovo approccio al marketing per le startup. Le startup hanno tipicamente un budget limitato e un tempo di sviluppo breve. Hanno bisogno di trovare modi per crescere rapidamente e in modo efficiente.

Il Growth Hacking offre alle startup una serie di strumenti e tecniche che possono aiutarle a raggiungere questi obiettivi. Il Growth Hacking si concentra su tre aree principali:

•**Sviluppo del prodotto:** il Growth Hacking si concentra sul miglioramento del prodotto o del servizio in modo da renderlo pi attrattivo per i potenziali clienti.

•**Analisi dei dati:** il Growth Hacking utilizza i dati per comprendere il comportamento dei clienti e per ottimizzare le strategie di marketing.

•**Marketing digitale:** il Growth Hacking utilizza i canali di marketing digitale per raggiungere un pubblico pi ampio e per convertire i visitatori in clienti.

Il Growth Hacking   una metodologia in continua evoluzione. Nuove tecniche e strategie vengono sviluppate costantemente. Le startup che vogliono rimanere competitive devono essere disposte a sperimentare e ad adattarsi alle nuove tendenze.

In sintesi, Sean Ellis ha coniato il termine "Growth Hacking" per descrivere una nuova metodologia di marketing che si concentra sulla crescita rapida e sostenibile delle startup.

Sean Ellis, in quel periodo, lavorava come consulente di marketing e vendite per numerose aziende. Non restava fisso su un progetto, ma una volta raggiunto l'obiettivo richiesto dalle aziende cercava qualcuno che sostituisse la sua figura. Quindi, di solito, pubblicava annunci di lavoro per "VP of Marketing". Le candidature che arrivavano erano considerate anche idonee, infatti la maggior parte dei candidati erano dei marketer che potevano ricoprire quel ruolo. Tuttavia, secondo Ellis, mancava qualcosa.

Ellis era alla ricerca di qualcuno che potesse aiutarlo a far crescere le aziende in modo rapido e sostenibile. Voleva qualcuno che fosse disposto a sperimentare, a pensare fuori dagli schemi e a non aver paura di fallire.

Ellis ha iniziato a riflettere su cosa significasse essere un "VP of Marketing". Ha capito che non era sufficiente essere un esperto di marketing tradizionale. Era necessario anche essere un esperto di dati, di prodotto e di analisi. Era necessario essere in grado di capire il comportamento dei clienti e di utilizzare i dati per ottimizzare le strategie di marketing.

Ellis ha quindi deciso di coniare un nuovo termine per descrivere la figura che stava cercando: "Growth Hacker".

Nel suo articolo "Find a Growth Hacker for Your Startup", Ellis ha definito il Growth Hacker come "l'arte di trovare e applicare strategie non convenzionali per far crescere rapidamente un business".

Ellis ha affermato che il Growth Hacker deve possedere le seguenti competenze:

•**Competenze di marketing:** il Growth Hacker deve essere un esperto di marketing tradizionale e digitale. Deve conoscere i diversi canali di marketing e le strategie di marketing pi efficaci.

•**Competenze di dati:** il Growth Hacker deve essere in grado di raccogliere, analizzare e interpretare i dati. Deve essere in grado di utilizzare i dati per comprendere il comportamento dei clienti e per ottimizzare le strategie di marketing.

•**Competenze di prodotto:** il Growth Hacker deve essere in grado di capire il prodotto o servizio che sta promuovendo. Deve essere in grado di identificare i punti di forza e di debolezza del prodotto e di proporre soluzioni per migliorarlo.

•**Competenze di analisi:** il Growth Hacker deve essere in grado di pensare analiticamente e di risolvere i problemi. Deve essere in grado di identificare le opportunit di crescita e di sviluppare strategie per sfruttarle.

Ellis ha affermato che il Growth Hacker una figura chiave per le startup. Le startup hanno bisogno di trovare modi per crescere rapidamente e in modo efficiente. Il Growth Hacker pu aiutarle a raggiungere questi obiettivi.

L'articolo di Ellis ha avuto un impatto significativo sul mondo del marketing. Il termine "Growth Hacker" diventato rapidamente popolare e viene utilizzato oggi da molte aziende, dalle startup alle aziende consolidate.

Ellis ha capito che il marketing tradizionale non era sufficiente per far crescere rapidamente le startup. Era necessario un approccio pi scientifico, che combinasse lo studio del prodotto, del marketing e dell'analisi dei dati.

Ellis ha definito questo approccio come "Growth Hacking". Il Growth Hacking una metodologia che si basa su tre pilastri fondamentali:

•**Sviluppo del prodotto:** il Growth Hacking si concentra sul miglioramento del prodotto o del servizio in modo da renderlo pi attrattivo per i potenziali clienti.

•**Analisi dei dati:** il Growth Hacking utilizza i dati per comprendere il comportamento dei clienti e per ottimizzare le strategie di marketing.

•**Marketing digitale:** il Growth Hacking utilizza i canali di marketing digitale per raggiungere un pubblico pi ampio e per convertire i visitatori in clienti.

Il Growth Hacking una metodologia in continua evoluzione. Nuove tecniche e strategie vengono sviluppate costantemente. Le startup che vogliono rimanere competitive devono essere disposte a sperimentare e ad adattarsi alle nuove tendenze.

Ellis ha avuto successo nel far crescere le startup utilizzando questo approccio. Ha aiutato aziende come Dropbox, Eventbrite e Qualaroo a crescere rapidamente e in modo sostenibile.

L'articolo di Ellis ha avuto un impatto significativo sul mondo del marketing. Il termine "Growth Hacking" diventato rapidamente popolare e viene utilizzato oggi da molte aziende, dalle startup alle aziende consolidate.

In sintesi, l'abilità che mancava tra le candidature che Ellis riceveva era la capacità di utilizzare un approccio scientifico al marketing. Questo approccio combina lo studio del prodotto, del marketing e dell'analisi dei dati per identificare le opportunità di crescita e sviluppare strategie per sfruttarle.

Growth" significa "crescita" in inglese. È l'obiettivo primario del Growth Hacking, che è quello di far crescere un business rapidamente e in modo sostenibile.

"Hacking" ha due significati principali. Il significato più comune è collegato al ramo della sicurezza informatica, dove si riferisce all'atto di violare un sistema informatico per ottenere l'accesso non autorizzato. Tuttavia, "hacking" ha anche un significato più generico che si riferisce a ogni situazione in cui è necessario far uso di creatività e immaginazione nella soluzione di un problema.

In questo contesto, il termine "Growth Hacking" può essere interpretato come "l'arte di trovare e applicare strategie non convenzionali per far crescere rapidamente un business".

Il Growth Hacking si basa su un approccio scientifico che combina lo studio del prodotto, del marketing e dell'analisi dei dati. Questo approccio consente di identificare le opportunità di crescita e di sviluppare strategie per sfruttarle.

Il Growth Hacking è una metodologia in continua evoluzione. Nuove tecniche e strategie vengono sviluppate costantemente. Le aziende che vogliono rimanere competitive devono essere disposte a sperimentare e ad adattarsi alle nuove tendenze.

Il termine "Growth Hacking" è stato scelto in modo deliberato per riflettere l'approccio che questa metodologia si propone di adottare.

La parola "growth" indica l'obiettivo primario del Growth Hacking, ovvero la crescita rapida e sostenibile di un business. La parola "hacking" indica l'approccio non convenzionale che viene utilizzato per raggiungere questo obiettivo.

Il Growth Hacking si basa sulla convinzione che non è necessario seguire le regole del marketing tradizionale per far crescere un business. È possibile, invece, utilizzare un approccio creativo e innovativo per trovare nuove opportunità di crescita.

Questo approccio si basa su tre pilastri fondamentali:

- **Sviluppo del prodotto:** il Growth Hacking si concentra sul miglioramento del prodotto o del servizio in modo da renderlo più attrattivo per i potenziali clienti.
- **Analisi dei dati:** il Growth Hacking utilizza i dati per comprendere il comportamento dei clienti e per ottimizzare le strategie di marketing.

- **Marketing digitale:** il Growth Hacking utilizza i canali di marketing digitale per raggiungere un pubblico più ampio e per convertire i visitatori in clienti.

Il Growth Hacking è una metodologia in continua evoluzione. Nuove tecniche e strategie vengono sviluppate costantemente. Le aziende che vogliono rimanere competitive devono essere disposte a sperimentare e ad adattarsi alle nuove tendenze.

In sintesi, l'analisi letterale del termine "Growth Hacking" suggerisce che questa metodologia si basa su un approccio che combina la concentrazione sulla crescita con la creatività e l'innovazione.

L'interesse per il Growth Hacking è in crescita negli ultimi anni. Questo è confermato dal grafico di Google Trends che mostra un aumento significativo dell'interesse per il termine negli ultimi 5 anni.

Il picco massimo dell'interesse si è registrato nel 2023, con un aumento del 150% rispetto al 2022. Questo dato suggerisce che il Growth Hacking sta diventando sempre più popolare tra le aziende di tutte le dimensioni.

Ci sono diversi fattori che possono spiegare questa crescita dell'interesse per il Growth Hacking. Uno dei fattori principali è l'aumento della concorrenza nel mercato digitale. Le aziende devono trovare nuovi modi per far crescere il proprio business in un mercato sempre più competitivo.

Un altro fattore che può spiegare questa crescita è l'evoluzione del marketing digitale. I canali di marketing tradizionali, come la televisione e la radio, sono sempre meno efficaci. Le aziende devono quindi trovare nuovi modi per raggiungere i propri clienti attraverso i canali digitali.

Il Growth Hacking offre alle aziende una serie di strumenti e tecniche che possono aiutarle a far crescere il proprio business in modo rapido e sostenibile. Questo approccio si basa su un approccio scientifico che combina lo studio del prodotto, del marketing e dell'analisi dei dati.

Il Growth Hacking è una metodologia in continua evoluzione. Nuove tecniche e strategie vengono sviluppate costantemente. Le aziende che vogliono rimanere competitive devono essere disposte a sperimentare e ad adattarsi alle nuove tendenze.

In sintesi, l'aumento dell'interesse per il Growth Hacking è un segnale positivo per le aziende che vogliono crescere rapidamente e in modo sostenibile.

Il Growth Hacking è prima di tutto un mindset, ovvero un modo di pensare e di affrontare le sfide.

Chi adotta un mindset Growth Hacking è disposto a sperimentare, a pensare fuori dagli schemi e a non aver paura di fallire. È convinto che non esista una soluzione unica per tutti i problemi e che sia necessario essere flessibili e adattabili.

Il Growth Hacker è un problem solver per natura. È sempre alla ricerca di nuove opportunità per far crescere il proprio business. È un maestro dell'analisi dei dati e utilizza i dati per comprendere il comportamento dei clienti e per ottimizzare le strategie di marketing.

Il Growth Hacker è anche un leader. È in grado di motivare e ispirare le persone a raggiungere gli obiettivi comuni.

In sintesi, il Growth Hacking è un approccio che combina la creatività, l'innovazione e la sperimentazione per far crescere un business in modo rapido e sostenibile.

Ecco alcuni esempi di come il Growth Hacking può essere applicato in pratica:

- **Sviluppo del prodotto:** il Growth Hacker può utilizzare la sperimentazione per identificare le funzionalità che i clienti desidorano maggiormente.
- **Analisi dei dati:** il Growth Hacker può utilizzare i dati per identificare i canali di marketing più efficaci per raggiungere I propri clienti.
- **Marketing digitale:** il Growth Hacker può utilizzare i canali di marketing digitale per raggiungere un pubblico più ampio e per convertire i visitatori in clienti.

Il Growth Hacking è una metodologia in continua evoluzione. Nuove tecniche e strategie vengono sviluppate costantemente. Le aziende che vogliono rimanere competitive devono essere disposte a sperimentare e ad adattarsi alle nuove tendenze

Il Growth Hacking è un processo di sperimentazione rapida che combina lo studio del prodotto, del marketing e dell'analisi dei dati. Questo processo si basa sulla convinzione che non è necessario seguire le regole del marketing tradizionale per far crescere un business. È possibile, invece, utilizzare un approccio creativo e innovativo per trovare nuove opportunità di crescita.

Il processo di Growth Hacking si compone di tre fasi principali:

1. **Definizione degli obiettivi:** la prima fase consiste nel definire gli obiettivi di crescita che l'azienda vuole raggiungere.

2. **Sperimentazione:** la seconda fase consiste nell'implementare e testare diverse strategie di marketing e di prodotto.

3. **Ottimizzazione:** la terza fase consiste nell'ottimizzare le strategie che hanno dimostrato di essere pi efficaci.

Il Growth Hacking un processo iterativo, ovvero le fasi possono essere ripetute pi volte per migliorare i risultati.

Ecco alcuni esempi di tecniche di Growth Hacking che possono essere utilizzate in queste fasi:

- **A/B testing:** questa tecnica consiste nel testare due versioni di una stessa pagina web o di una stessa campagna di marketing per identificare quella che genera i risultati migliori.

- **Growth hacking per il prodotto:** questa tecnica consiste nel migliorare il prodotto o il servizio in modo da renderlo pi attrattivo per i potenziali clienti.

- **Growth hacking per il marketing:** questa tecnica consiste nell'utilizzare i canali di marketing digitali per raggiungere un pubblico pi ampio e per convertire i visitatori in clienti.

Il Growth Hacking una metodologia in continua evoluzione. Nuove tecniche e strategie vengono sviluppate costantemente. Le aziende che vogliono rimanere competitive devono essere disposte a sperimentare e ad adattarsi alle nuove tendenze.

La definizione di Growth Hacking come "processo di sperimentazione rapida sul prodotto e sui canali di marketing, per trovare il modo pi efficiente di far crescere un business" sottolinea quattro concetti molto importanti di questa metodologia:

•**Processo:** il Growth Hacking un processo, non un evento. un approccio che deve essere implementato e gestito in modo sistematico.

•**Sperimentazione:** il Growth Hacking si basa sulla sperimentazione. Le aziende devono essere disposte a testare diverse strategie e idee per trovare quelle che funzionano meglio.

•**Efficienza:** il Growth Hacking si concentra sull'efficienza. Le aziende devono trovare il modo di far crescere il proprio business con il minimo spreco di risorse.

•**Crescita:** l'obiettivo finale del Growth Hacking la crescita. Le aziende devono utilizzare questo approccio per raggiungere i propri obiettivi di crescita.

Questi quattro concetti sono interconnessi e si rafforzano a vicenda. Il processo di sperimentazione consente alle aziende di trovare le strategie pi efficienti per far crescere il proprio business. L'efficienza, a sua volta, consente alle aziende di investire pi risorse nella sperimentazione e di ottenere risultati migliori.

La definizione di Growth Hacking come "processo di sperimentazione rapida sul prodotto e sui canali di marketing, per trovare il modo pi efficiente di far crescere un business" quindi una definizione completa e precisa che riflette i principi fondamentali di questa metodologia.

Il Growth Hacking viene considerato un processo per una ragione ben precisa. L'attività che viene svolta dal Growth Hacking non riguarda semplicemente l'applicazione di semplici strategie e trucchetti, ma segue un processo iterativo ben preciso che si basa su framework e metodi.

Il processo di Growth Hacking si compone di tre fasi principali:

1.Definizione degli obiettivi: la prima fase consiste nel definire gli obiettivi di crescita che l'azienda vuole raggiungere.

2.Sperimentazione: la seconda fase consiste nell'implementare e testare diverse strategie di marketing e di prodotto.

3.Ottimizzazione: la terza fase consiste nell'ottimizzare le strategie che hanno dimostrato di essere pi efficaci.

Il processo di Growth Hacking iterativo, ovvero le fasi possono essere ripetute pi volte per migliorare i risultati.

Questo processo basato su framework e metodi specifici, come il funnel AARRR, il Lean Startup e l'A/B testing. Questi framework e metodi forniscono alle aziende una struttura e un approccio sistematico per la sperimentazione e l'ottimizzazione delle proprie strategie di crescita.

In sintesi, il Growth Hacking un processo iterativo che si basa su framework e metodi specifici. Questo processo consente alle aziende di trovare le strategie pi efficaci per far crescere il proprio business.

Ecco alcuni esempi di framework e metodi utilizzati nel Growth Hacking:

•**Funnel AARRR:** il funnel AARRR un modello che descrive le fasi attraverso le quali un potenziale cliente passa prima di diventare un cliente pagante.

•**Lean Startup:** la Lean Startup un approccio che consente alle aziende di testare le proprie idee e strategie in modo rapido ed economico.

•**A/B testing:** l'A/B testing una tecnica che consente di testare due versioni di una stessa pagina web o di una stessa campagna di marketing per identificare quella che genera i risultati migliori.

Questi framework e metodi sono in continua evoluzione, man mano che vengono sviluppate nuove tecniche e strategie di Growth Hacking.

La sperimentazione è un concetto indispensabile in un approccio di Growth Hacking. Alla base di un processo di Growth Hacking ci sono gli esperimenti.

Come stato gi anticipato in precedenza, il Growth Hacking si pone in maniera pi scientifica rispetto al marketing tradizionale. Questo significa che le aziende che adottano questo approccio devono essere disposte a testare diverse strategie e idee per trovare quelle che funzionano meglio.

Per un Growth Hacker gli esperimenti e lo studio dei dati sono all'ordine del giorno. Gli esperimenti consentono alle aziende di raccogliere dati concreti sui risultati delle proprie strategie. Questi dati possono essere utilizzati per ottimizzare le strategie e per raggiungere gli obiettivi di crescita.

Inoltre, possibile analizzare delle caratteristiche che deve avere un esperimento per essere definito tale:

•**Misurabilit :** l'esperimento deve essere misurabile, ovvero i risultati devono poter essere quantificati.

•**Replicabilit :** l'esperimento deve essere replicabile, ovvero i risultati devono poter essere replicati in altri contesti.

•**Controllo:** l'esperimento deve essere controllato, ovvero le variabili che potrebbero influire sui risultati devono essere tenute sotto controllo.

Queste caratteristiche consentono di garantire che gli esperimenti siano affidabili e che i risultati possano essere utilizzati per prendere decisioni informate.

Ecco alcuni esempi di esperimenti che possono essere condotti nell'ambito del Growth Hacking:

•**Test A/B:** questa tecnica consiste nel testare due versioni di una stessa pagina web o di una stessa campagna di marketing per identificare quella che genera i risultati migliori.

•**Test di usabilit :** questa tecnica consiste nel testare la facilit d'uso di un prodotto o di un servizio.

•**Test di conversione:** questa tecnica consiste nel testare l'efficacia di una strategia di conversione.

Questi esperimenti possono essere condotti su diversi aspetti del business, come il prodotto, il marketing o il processo di vendita.

La misurabilità è una caratteristica fondamentale di un esperimento. Prima di iniziare un esperimento, è necessario identificare la metrica più adatta da osservare, in modo che rappresenti l'obiettivo della sperimentazione.

Per esempio, se si sta effettuando un esperimento nella fase di acquisizione utenti, una metrica su cui ci si pu basare   sicuramente quella che calcola il costo di acquisizione utenti (CAC). Il CAC   una metrica che misura il costo medio necessario per acquisire un nuovo cliente.

Sì, è corretto. La misurabilità è una caratteristica fondamentale di un esperimento. Prima di iniziare un esperimento, è necessario identificare la metrica più adatta da osservare, in modo che rappresenti l'obiettivo della sperimentazione.

Per esempio, se si sta effettuando un esperimento nella fase di acquisizione utenti, una metrica su cui ci si pu basare   sicuramente quella che calcola il costo di acquisizione utenti (CAC). Il CAC   una metrica che misura il costo medio necessario per acquisire un nuovo cliente.

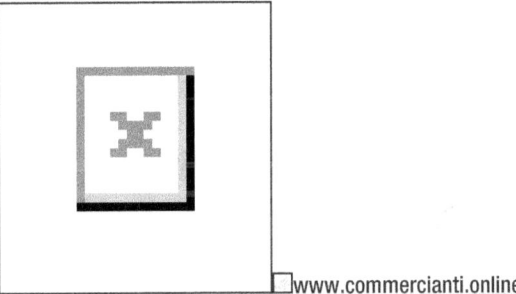
www.commercianti.online

Formula per il calcolo del CAC

In questo caso, l'obiettivo dell'esperimento potrebbe essere quello di ridurre il CAC. Per misurare l'efficacia dell'esperimento,   quindi necessario raccogliere dati sul CAC prima e dopo l'esperimento.

Se il CAC si riduce, allora l'esperimento   stato un successo. Se il CAC non si riduce, allora l'esperimento non   stato un successo.

S
i

a
p
r
e

i
n

u
n
a

n
u
o
v
a

f
i
n
e
s
t
r
a

Ecco altri esempi di metriche che possono essere utilizzate per misurare l'efficacia di un esperimento:

•**Tasso di conversione:** questa metrica misura il rapporto tra il numero di persone che hanno compiuto un'azione desiderata e il numero di persone che hanno avuto l'opportunit di compiere tale azione.

•**Tasso di abbandono:** questa metrica misura il rapporto tra il numero di persone che hanno abbandonato una pagina o un processo e il numero di persone che hanno iniziato tale pagina o processo.

•**Tasso di soddisfazione del cliente:** questa metrica misura il grado di soddisfazione dei clienti con un prodotto o un servizio.

La scelta della metrica pi   adatta dipende dall'obiettivo dell'esperimento.

La replicabilità è un'altra caratteristica fondamentale di un esperimento. Un esperimento non deve essere fatto in maniera casuale, ma deve sempre potersi replicare con facilità applicando le stesse condizioni.

Per esempio, se abbiamo un esperimento che riporta buoni risultati, per essere considerato ripetibile deve essere efficiente anche nel futuro. Se l'esperimento non   ripetibile,   possibile che i risultati siano stati causati da fattori casuali o temporanei.

Ecco alcuni consigli per garantire la replicabilit di un esperimento:

•**Definire chiaramente gli obiettivi e la metodologia dell'esperimento.**

•**Utilizzare un campione rappresentativo della popolazione target.**

•**Raccogliere dati accurati e completi.**

•**Ancorare i risultati a una metrica specifica.**

Se un esperimento   ripetibile,   possibile utilizzarlo per prendere decisioni informate e per migliorare le strategie di crescita.

Ecco alcuni esempi di esperimenti che possono essere replicati:

•**Test A/B:** questa tecnica pu   essere replicata testando diverse versioni di una stessa pagina web o di una stessa campagna di marketing.

•**Test di usabilit :** questa tecnica pu   essere replicata testando la facilit d'uso di un prodotto o di un servizio con un campione diverso di utenti.

•**Test di conversione:** questa tecnica pu   essere replicata testando l'efficacia di una strategia di conversione su un diverso segmento di utenti.

La replicabilit   un elemento importante del Growth Hacking, in quanto consente alle aziende di migliorare le proprie strategie di crescita in modo sistematico e continuo.

La scalabilità è un'altra caratteristica fondamentale di un esperimento. Questa caratteristica si collega al concetto di scalabilità di una startup, di cui si è parlato all'inizio dell'elaborato.

Riprendendo l'esempio dell'esperimento del costo di acquisizione di un utente, questo si deve poter applicare indifferentemente se abbiamo 10, 100, 1000 utenti. Se l'esperimento non   scalabile, sar difficile applicarlo a un'azienda in crescita.

Ecco alcuni consigli per garantire la scalabilit di un esperimento:

•**Utilizzare strumenti e piattaforme scalabili.**

•**Definire chiaramente i processi e le procedure.**

•**Collaborare con un team multidisciplinare.**

Se un esperimento   scalabile,   possibile utilizzarlo per far crescere un'azienda in modo efficiente.

Ecco alcuni esempi di esperimenti che possono essere scalati:

•**Test A/B:** questa tecnica pu   essere scalata testando diverse versioni di una stessa pagina web o di una stessa campagna di marketing su un pubblico sempre pi   ampio.

•**Test di usabilit :** questa tecnica pu   essere scalata testando la facilit d'uso di un prodotto o di un servizio su un campione sempre pi ampio di utenti.

•**Test di conversione:** questa tecnica pu   essere scalata testando l'efficacia di una strategia di conversione su un numero sempre maggiore di utenti.

La scalabilit   un elemento importante del Growth Hacking, in quanto consente alle aziende di far crescere il proprio business in modo efficiente e sostenibile.

L'efficienza è un'altra caratteristica fondamentale del Growth Hacking. Questa caratteristica è importante, perché le aziende, in particolare le startup, hanno risorse limitate.

Come   stato gi   spiegato, il Growth Hacking nasce tra le startup. Queste aziende hanno risorse molto pi limitate rispetto alle aziende gi affermate sul mercato. Quindi,   importante per loro ottimizzare l'utilizzo del budget a disposizione.

Il Growth Hacking consente alle aziende di ottenere risultati migliori con un budget inferiore. Questo possibile grazie alla sperimentazione, che consente alle aziende di trovare le strategie pi efficaci.

Ecco alcuni esempi di come il Growth Hacking pu aiutare le aziende a essere pi efficienti:

- **Riduzione del costo di acquisizione di un cliente:** il Growth Hacking pu aiutare le aziende a ridurre il costo di acquisizione di un cliente, aumentando il numero di clienti acquisiti con lo stesso budget.

- **Miglioramento del tasso di conversione:** il Growth Hacking pu aiutare le aziende a migliorare il tasso di conversione, ovvero la percentuale di persone che compiono un'azione desiderata, come l'acquisto di un prodotto o l'iscrizione a un servizio.

- **Ottimizzazione della spesa pubblicitaria:** il Growth Hacking pu aiutare le aziende a ottimizzare la spesa pubblicitaria, aumentando il ritorno sull'investimento (ROI).

In conclusione, l'efficienza un elemento importante del Growth Hacking, in quanto consente alle aziende di ottenere risultati migliori con un budget inferiore.

La crescita è la caratteristica fondamentale del Growth Hacking. Questa caratteristica accomuna qualsiasi tipo di business, anche se con valutazioni diverse.

La crescita la metrica per eccellenza su cui si basa il Growth Hacking. Le aziende che adottano questo approccio si concentrano sulla crescita del proprio business in termini di numero di utenti, di fatturato, di profitti o di altri parametri rilevanti.

Il Growth Hacking consente alle aziende di ottenere una crescita rapida e sostenibile. Questo possibile grazie alla sperimentazione, che consente alle aziende di trovare le strategie pi efficaci.

Ecco alcuni esempi di come il Growth Hacking pu aiutare le aziende a crescere:

- **Acquisizione di nuovi clienti:** il Growth Hacking pu aiutare le aziende ad acquisire nuovi clienti in modo rapido ed efficiente.

- **Aumento della fidelizzazione dei clienti:** il Growth Hacking pu aiutare le aziende a fidelizzare i propri clienti, aumentando il loro valore a lungo termine.

- **Aumento della redditivit :** il Growth Hacking pu aiutare le aziende ad aumentare la propria redditivit , migliorando l'efficienza dei processi e riducendo i costi.

In conclusione, la crescita un elemento essenziale del Growth Hacking, in quanto consente alle aziende di raggiungere i propri obiettivi di business.

Il Growth Hacking è un processo continuo, in quanto le aziende devono sempre cercare nuove strategie per crescere.

Per riuscire nell'obiettivo della crescita, il Growth Hacker ha bisogno di effettuare sempre pi esperimenti possibili nel minor tempo possibile. Questo   possibile grazie alla velocit e alla quantit degli esperimenti.

La velocit   importante perch consente alle aziende di ottenere risultati pi rapidamente. Se un esperimento dura tre mesi,   possibile che la situazione del mercato cambi nel frattempo e che l'esperimento non sia pi valido.

La quantit   importante perch consente alle aziende di raccogliere pi dati. Pi esperimenti vengono effettuati, pi informazioni si ottengono e pi   facile trovare le strategie pi efficaci.

Quindi,   preferibile scegliere i dodici esperimenti che durano una settimana, perch in questo modo si ottengono pi informazioni possibili nel breve tempo. Questo tipo di scelta   considerata la pi performante, in quanto consente alle aziende di crescere pi rapidamente.

Ecco alcuni consigli per effettuare esperimenti rapidi e quantitativi:

•**Focalizzare gli esperimenti sugli obiettivi pi importanti:**   importante scegliere gli esperimenti che hanno il potenziale di generare i maggiori risultati.

•**Utilizzare strumenti e piattaforme che consentono di automatizzare le attivit :** questo consente di risparmiare tempo e di concentrarsi sui risultati.

•**Collaborare con un team multidisciplinare:** questo consente di raccogliere pi idee e di ottenere risultati pi rapidamente.

Seguindo questi consigli,   possibile effettuare esperimenti rapidi e quantitativi che possono aiutare le aziende a crescere pi rapidamente.

Dropbox è un esempio perfetto di come il Growth Hacking può essere utilizzato per far crescere un'azienda.

L'azienda   stata fondata nel 2007 da Drew Houston e Arash Ferdowsi. I due fondatori avevano l'idea di creare una piattaforma di cloud storage che consentisse agli utenti di archiviare i propri file in modo sicuro e accessibile da qualsiasi dispositivo.

Inizialmente, Dropbox era una start-up con risorse limitate. I fondatori, quindi, hanno deciso di adottare un approccio di Growth Hacking per far crescere l'azienda.

Ecco alcuni dei Growth Hacks che hanno contribuito alla crescita di Dropbox:

•**Incentivi per i referrals:** Dropbox ha offerto agli utenti 250 MB di spazio di archiviazione gratuito per ogni amico che invitavano a registrarsi al servizio. Questo incentivo ha contribuito a creare un effetto virale e a far crescere rapidamente la base di utenti.

Video di spiegazione: Dropbox ha creato un video di spiegazione che illustrava in modo semplice e chiaro il funzionamento del servizio. Questo video   stato utilizzato per promuovere Dropbox sui canali social e ha contribuito a generare interesse per il servizio.

Test A/B: Dropbox ha utilizzato i test A/B per ottimizzare le proprie landing page e i propri annunci pubblicitari. Questo ha contribuito a migliorare il tasso di conversione e a far crescere il numero di utenti che si registravano al servizio.

Grazie a questi Growth Hacks, Dropbox è cresciuta rapidamente e ha raggiunto 100 milioni di utenti in soli quattro anni. L'azienda è stata quotata in borsa nel 2018 e oggi è una delle principali piattaforme di cloud storage al mondo.

Sean Ellis, uno dei fondatori di Dropbox,   considerato il padre del Growth Hacking. Ellis ha sviluppato il concetto di Growth Hacking nel 2007 e ha pubblicato un libro sull'argomento nel 2014.

Il caso di Dropbox dimostra che il Growth Hacking pu   essere una strategia efficace per far crescere un'azienda, anche se si tratta di una start-up con risorse limitate.

Dropbox è stata fondata nel 2007 da Drew Houston e Arash Ferdowsi, due studenti del MIT. I due fondatori avevano l'idea di creare una piattaforma di cloud storage che consentisse agli utenti di archiviare i propri file in modo sicuro e accessibile da qualsiasi dispositivo.

In quel periodo, sul mercato esistevano gi   prodotti simili a Dropbox che offrivano questo tipo di soluzione. Il maggior competitor era Box, un'azienda fondata nel 2005 e oggi quotata sulla borsa di New York.

Dropbox, per distinguersi dalla concorrenza, ha deciso di adottare un approccio di Growth Hacking. Questo approccio ha consentito all'azienda di crescere rapidamente e di superare i suoi competitor.

Ecco alcuni dei fattori che hanno contribuito al successo di Dropbox:

•**L'idea di base era semplice e innovativa.** Dropbox offriva un servizio di cloud storage che era facile da usare e accessibile a tutti.

•**L'azienda ha utilizzato una strategia di Growth Hacking efficace.** Dropbox ha utilizzato una serie di strategie innovative per far crescere la propria base di utenti, tra cui incentivi per i referrals, video di spiegazione e test A/B.

•**Il mercato era pronto per questo tipo di soluzione.** Nel 2007, il cloud storage era una tecnologia emergente che stava rapidamente guadagnando popolarit .

Grazie a questi fattori, Dropbox   diventata una delle principali piattaforme di cloud storage al mondo. L'azienda ha raggiunto 100 milioni di utenti in soli quattro anni e oggi conta oltre 700 milioni di utenti attivi.

Il prodotto realizzato da Dropbox era da subito valido e funzionante, ma sorgeva il problema dell'acquisizione utenti.

Come in tutte le startup che si trovano nei primi anni di vita, Dropbox aveva risorse limitate. Le campagne di advertising su Google erano molto costose e l'azienda non poteva permettersi di spendere 300 dollari per ogni utente registrato.

Per risolvere questo problema, Dropbox ha deciso di adottare una strategia di Growth Hacking. Questa strategia ha consentito all'azienda di ridurre il costo di acquisizione utente e di far crescere rapidamente la propria base di utenti.

Ecco alcuni dei Growth Hacks che hanno contribuito a risolvere il problema dell'acquisizione utenti di Dropbox:

- **Incentivi per i referrals:** Dropbox ha offerto agli utenti 250 MB di spazio di archiviazione gratuito per ogni amico che invitavano a registrarsi al servizio. Questo incentivo ha contribuito a creare un effetto virale e a far crescere rapidamente la base di utenti.

- **Video di spiegazione:** Dropbox ha creato un video di spiegazione che illustrava in modo semplice e chiaro il funzionamento del servizio. Questo video   stato utilizzato per promuovere Dropbox sui canali social e ha contribuito a generare interesse per il servizio.

- **Test A/B:** Dropbox ha utilizzato i test A/B per ottimizzare le proprie landing page e i propri annunci pubblicitari. Questo ha contribuito a migliorare il tasso di conversione e a far crescere il numero di utenti che si registravano al servizio.

Grazie a questi Growth Hacks, Dropbox riuscita a ridurre il costo di acquisizione utente da 300 dollari a meno di 10 dollari. Questo ha consentito all'azienda di crescere rapidamente e di diventare una delle principali piattaforme di cloud storage al mondo.

Il referral program stato il Growth Hack pi importante che ha contribuito alla crescita di Dropbox.

Questo tipo di sistema si basa su un concetto molto semplice: dare degli incentivi agli utenti che hanno invitato altri amici a utilizzare il prodotto, cos da creare un processo di passaparola.

Nel caso di Dropbox, ogni utente iscritto alla piattaforma aveva la possibilit di inviare un invito per provare questo servizio. Ogni qual volta un utente si iscriveva a Dropbox utilizzando questo invito, venivano regalati 500MB di spazio gratis sia al nuovo utente sia all'amico che aveva mandato l'invito.

Questo incentivo ha contribuito a creare un effetto virale e a far crescere rapidamente la base di utenti di Dropbox.

Infatti, gli utenti erano incentivati a invitare i propri amici a registrarsi al servizio, in quanto ricevevano in cambio spazio di archiviazione gratuito. Questo ha portato a un effetto domino, in cui gli utenti invitavano altri utenti, che invitavano altri utenti e cos via.

Grazie al referral program, Dropbox riuscita a ridurre il costo di acquisizione utente da 300 dollari a meno di 10 dollari. Questo ha consentito all'azienda di crescere rapidamente e di diventare una delle principali piattaforme di cloud storage al mondo.

Il referral program un Growth Hack efficace che pu essere utilizzato da qualsiasi azienda, indipendentemente dal settore di attivit . Questo tipo di sistema pu aiutare le aziende a far crescere rapidamente la propria base di utenti e a ridurre il costo di acquisizione utente.

Ecco alcuni consigli per creare un referral program efficace:

•**Offri un incentivo interessante:** l'incentivo deve essere sufficientemente interessante da invogliare gli utenti a invitare i propri amici.

•**Facilita la condivisione degli inviti:** il processo di condivisione degli inviti deve essere semplice e facile da usare.

•**Misura i risultati:** importante monitorare i risultati del referral program per verificare la sua efficacia.

Il caso di studio di Dropbox un esempio eccellente di come le startup possano sfruttare al meglio le risorse che hanno a disposizione.

Nel caso di Dropbox, la risorsa pi importante era la community degli utenti. L'azienda ha capito che coinvolgendo la community, poteva far crescere rapidamente la propria base di utenti e ridurre il costo di acquisizione utente.

Il referral program stato un'idea semplice, ma efficace. Il costo di offrire 500MB di spazio di archiviazione gratuito era quasi nullo per Dropbox, ma per un utente era un incentivo davvero incredibile.

Questo caso di studio dimostra che qualsiasi startup pu applicare questo concetto. Con un po' di creativit e di sperimentazione, possibile trovare strategie efficaci per far crescere rapidamente la propria attivit .

Ecco alcuni consigli per le startup che vogliono sfruttare al meglio la propria community:

•**Crea un senso di appartenenza:** gli utenti devono sentirsi parte di qualcosa di speciale.

•**Fornisci valore alla community:** offri agli utenti contenuti, servizi o esperienze che siano di valore per loro.

•**Incentiva la partecipazione:** crea opportunit per gli utenti di interagire tra loro e con l'azienda.

Seguendo questi consigli, le startup possono creare una community forte e attiva che pu aiutarle a raggiungere i propri obiettivi.

GROWTH HACKING

Il Growth Hacking si fonda sulla base di una metodologia molto famosa nel mondo startup, chiamata Lean Startup.

La Lean Startup un approccio al lancio di nuovi prodotti e servizi che si basa su un ciclo di feedback continuo. L'obiettivo costruire prodotti che le persone desiderano, il pi rapidamente possibile e con il minor investimento possibile.

Il Growth Hacking utilizza le stesse idee fondamentali della Lean Startup, ma si concentra specificamente sulla crescita. I Growth Hacker utilizzano un processo iterativo di sperimentazione e misurazione per trovare strategie che possano far crescere rapidamente la base di utenti di un'azienda.

Ecco alcuni dei principi della Lean Startup che sono alla base del Growth Hacking:

•**Concentrarsi sui clienti:** le aziende devono concentrarsi sui bisogni e sui desideri dei propri clienti per costruire prodotti che siano realmente desiderati.

•**Imparare e adattarsi rapidamente:** le aziende devono essere pronte a imparare dai propri errori e ad adattarsi rapidamente in base ai feedback dei clienti.

•**Eseguire esperimenti:** le aziende devono eseguire esperimenti per testare le proprie ipotesi e trovare le strategie pi efficaci.

Il Growth Hacking   un approccio potente che pu aiutare le aziende a far crescere rapidamente la propria attivit . Tuttavia,   importante ricordare che il Growth Hacking non   una soluzione magica. Per avere successo, le aziende devono avere un prodotto o un servizio che sia valido e che risponda ai bisogni dei propri clienti.

La metodologia Lean Startup   stata sviluppata da Eric Ries nel 2008. Si basa sull'idea che le startup dovrebbero concentrarsi sullo sviluppo di prodotti o servizi che soddisfino le reali esigenze dei clienti, attraverso un processo di sperimentazione e apprendimento continuo.

La Lean Startup si contrappone all'approccio tradizionale di sviluppo dei prodotti, che prevede la creazione di un prodotto completo e finito prima di testarlo con i clienti. Questo approccio spesso porta a sprechi di tempo e risorse, in quanto pu capitare che il prodotto non soddisfi le reali esigenze dei clienti e debba essere modificato o addirittura abbandonato.

La Lean Startup, invece, prevede lo sviluppo di un prodotto minimo funzionante (MVP), ovvero una versione base del prodotto che consente di testarne le funzionalit essenziali con i clienti. Una volta ricevuto il feedback dei clienti, il prodotto pu essere migliorato e iterato fino a quando non soddisfa pienamente le loro esigenze.

La Lean Startup si basa su quattro pilastri fondamentali:

•**Costruire-Misurare-Imparare:** le startup dovrebbero costruire un MVP, misurarne le prestazioni e imparare dai feedback dei clienti per iterare e migliorare il prodotto.

•**Validazione dell'apprendimento:** le startup dovrebbero concentrarsi sulla validazione dell'apprendimento, ovvero sulla conferma delle proprie ipotesi sui clienti e sul mercato.

•**Innovazione contabile:** le startup dovrebbero utilizzare le metriche finanziarie per misurare il progresso e prendere decisioni informate.

•**Sviluppo snello:** le startup dovrebbero utilizzare le pratiche di sviluppo snello per ridurre gli sprechi e aumentare l'efficienza.

La Lean Startup   una metodologia efficace che pu aiutare le startup a ridurre il rischio di fallimento e ad aumentare le possibilit di successo.   stata adottata da molte startup di successo, tra cui Dropbox, Airbnb e Uber.

Alcuni dei vantaggi della Lean Startup includono:

•Riduzione del rischio di fallimento

•Aumento delle possibilit di successo

- Miglioramento della qualit dei prodotti e servizi

- Riduzione dei costi di sviluppo

- Accelerazione del time to market

Se sei un imprenditore o un innovatore, ti consiglio di approfondire la conoscenza della Lean Startup. una metodologia che pu aiutarti a sviluppare prodotti e servizi di successo, riducendo al minimo il rischio di fallimento

L'ideatore della metodologia Lean Startup, Eric Ries, per raggiungere l'obiettivo di sviluppare prodotti o servizi che soddisfino le reali esigenze dei clienti, propone un ciclo di apprendimento lean chiamato ciclo **Build-Measure-Learn**.

Questo ciclo si basa sull'idea che le startup dovrebbero concentrarsi sulla costruzione di un MVP, sulla misurazione dei risultati e sull'apprendimento dai feedback dei clienti.

Il ciclo Build-Measure-Learn si compone di quattro fasi:

1.Costruire: costruire un MVP, ovvero una versione base del prodotto che consente di testarne le funzionalit essenziali con i clienti.

2.Misurare: misurare i risultati del test, ovvero le metriche che consentono di valutare il successo del MVP.

3.Imparare: imparare dai feedback dei clienti, ovvero le informazioni che consentono di capire come migliorare il prodotto.

4.Iterare: iterare il prodotto sulla base delle informazioni acquisite nelle fasi precedenti.

Il ciclo Build-Measure-Learn viene ripetuto continuamente, fino a quando il prodotto non soddisfa pienamente le esigenze dei clienti.

Il ciclo Build-Measure-Learn   un processo iterativo e incrementale che consente alle startup di ridurre il rischio di fallimento e aumentare le possibilit di successo.

Ecco alcuni dei vantaggi del ciclo Build-Measure-Learn:

- **Consente di testare le idee rapidamente e a basso costo.**

- **Consente di raccogliere feedback dai clienti in modo rapido e semplice.**

- **Consente di iterare il prodotto in base ai feedback dei clienti.**

Il ciclo Build-Measure-Learn   una metodologia efficace che pu   essere utilizzata da qualsiasi azienda, indipendentemente dal settore di attivit .

Il ciclo Build-Measure-Learn inizia con lo sviluppo di un prodotto che nasce da un'idea iniziale. L'obiettivo   sviluppare un prodotto che soddisfi le esigenze dei clienti, il pi   rapidamente possibile e con il minor investimento possibile.

Per fare ci , le startup utilizzano un processo iterativo di sperimentazione e misurazione. Innanzitutto, sviluppano un MVP, ovvero una versione base del prodotto che consente di testarne le funzionalit essenziali con i clienti. Una volta ricevuto il feedback dei clienti, il prodotto pu   essere migliorato e iterato fino a quando non soddisfa pienamente le loro esigenze.

Il feedback dei clienti   fondamentale per il successo del ciclo Build-Measure-Learn. I feedback consentono alle startup di capire cosa funziona e cosa no, e di apportare le modifiche necessarie al prodotto.

Il flusso continuo di feedback pu   essere alimentato in diversi modi, tra cui:

- **Attraverso interviste con i clienti.**

- **Attraverso sondaggi online.**

- **Attraverso analisi dei dati di utilizzo del prodotto.**

Lo otartup devono esscre pronte a raccogliere feedback dai clienti In modo continuo, In modo da poter apportare modifiche al prodotto in base alle loro esigenze.

Il ciclo Build-Measure-Learn   un processo efficace che pu   aiutare le startup a ridurre il rischio di fallimento e ad aumentare le possibilit di successo.

Dopo aver raccolto feedback dai clienti, le startup devono consultare i dati estratti per valutare se l'idea di partenza risulta valida oppure no.

Se l'idea   valida, le startup possono continuare a sviluppare il prodotto. Se l'idea non   valida, le startup devono apportare modifiche all'idea o abbandonarla completamente.

In entrambi i casi, il ciclo riparte con nuovi esperimenti basati su nuove ipotesi. In questo modo, le startup imparano e si adattano continuamente, in modo da poter sviluppare prodotti che soddisfino le esigenze dei clienti.

L'apprendimento convalidato   il processo di raccolta e analisi dei dati per valutare l'efficacia di un'idea o di un'ipotesi. L'apprendimento convalidato   fondamentale per la metodologia Lean Startup, in quanto consente alle startup di prendere decisioni informate sulla base dei dati.

La velocit   del ciclo   un dato importante, in quanto consente alle startup di apprendere e adattarsi pi rapidamente. Una velocit   del ciclo pi   rapida aumenta la probabilit   di superare i concorrenti e avere pi   successo.

Ecco alcuni suggerimenti per accelerare il ciclo Build-Measure-Learn:

•**Focalizzati sulle metriche pi   importanti.** Non   necessario misurare tutto, concentrati sulle metriche che sono pi   rilevanti per il successo del tuo prodotto.

•**Automatizza il processo di raccolta dati.** C' un modo per automatizzare la raccolta dei dati? Se s , fallo.

•**Raccogli feedback dai clienti in modo continuo.** Non aspettare di avere un prodotto completo per raccogliere feedback. Inizia a raccogliere feedback il prima possibile.

Accelerando il ciclo Build-Measure-Learn, le startup possono ridurre il rischio di fallimento e aumentare le possibilit   di successo.

La Lean Startup si concentra sullo sviluppo di un prodotto che soddisfi le esigenze dei clienti, mentre il Growth Hacking si concentra sulla crescita del prodotto o servizio attraverso strategie di marketing e promozione.

La Lean Startup si basa sul ciclo Build-Measure-Learn, che pu   essere applicato anche alla parte di marketing. Ad esempio, un'azienda potrebbe utilizzare il ciclo Build-Measure-Learn per testare diverse strategie di marketing per promuovere il proprio prodotto.

Tuttavia, il Growth Hacking   una metodologia pi   specifica che si concentra sulla crescita del prodotto o servizio attraverso strategie di marketing e promozione innovative. Il Growth Hacking utilizza una variet   di tecniche, tra cui:

•**Acquisizione di utenti:** tecniche per attirare nuovi utenti al prodotto o servizio.

•**Attivazione di utenti:** tecniche per incoraggiare gli utenti a utilizzare il prodotto o servizio.

•**Mantenimento di utenti:** tecniche per mantenere gli utenti attivi e coinvolti nel prodotto o servizio.

Il Growth Hacking   una metodologia efficace che pu   aiutare le aziende a far crescere rapidamente la propria base di utenti. Tuttavia,   importante ricordare che il Growth Hacking non   una soluzione magica. Per avere successo, le aziende devono avere un prodotto o un servizio che sia valido e che risponda alle esigenze dei propri clienti.

Ecco alcuni esempi di come il Growth Hacking pu essere applicato alla parte di marketing:

- **Un'azienda potrebbe utilizzare il Growth Hacking per testare diversi canali di marketing per promuovere il proprio prodotto.** Ad esempio, l'azienda potrebbe testare il marketing sui social media, il marketing per email o il marketing pay-per-click.

- **Un'azienda potrebbe utilizzare il Growth Hacking per creare un'offerta gratuita o scontata per attirare nuovi utenti.** Ad esempio, l'azienda potrebbe offrire una prova gratuita del proprio prodotto o servizio, o potrebbe offrire uno sconto per l'acquisto di un abbonamento.

- **Un'azienda potrebbe utilizzare il Growth Hacking per migliorare l'esperienza utente del proprio prodotto o servizio.** Ad esempio, l'azienda potrebbe aggiungere una funzione di ricerca al proprio sito web, o potrebbe rendere pi facile la registrazione per gli utenti.

Il Growth Hacking   una metodologia flessibile che pu essere adattata alle esigenze specifiche di ogni azienda.

L'apprendimento dagli errori   fondamentale per il Growth Hacking. Gli esperimenti sono una parte essenziale del Growth Hacking, e non tutti gli esperimenti andranno a buon fine. Tuttavia, anche gli esperimenti che falliscono possono essere utili, in quanto possono fornire informazioni preziose che possono essere utilizzate per migliorare gli esperimenti futuri.

Ad esempio, se un esperimento non genera i risultati attesi,   importante analizzare i dati per capire perch l'esperimento non ha funzionato. Una volta identificata la causa del fallimento,   possibile apportare modifiche al processo per migliorare le possibilit di successo in futuro.

Il Growth Hacking   un processo iterativo, che si basa sul miglioramento continuo. La soluzione ottimale non viene raggiunta in un solo colpo, ma attraverso una serie di micro cambiamenti che vengono effettuati in ogni ciclo.

Ecco alcuni suggerimenti per imparare dagli errori nel Growth Hacking:

- **Definisci chiaramente gli obiettivi dell'esperimento.** In questo modo, sar pi facile identificare se l'esperimento ha avuto successo o meno.

- **Misura i risultati dell'esperimento in modo accurato.** I dati accurati ti aiuteranno a capire cosa ha funzionato e cosa non ha funzionato.

- **Analisi i dati dell'esperimento in modo approfondito.** Cerca di capire perch l'esperimento non ha funzionato e cosa puoi fare per migliorare le possibilit di successo in futuro.

Imparando dagli errori, le aziende possono migliorare le proprie strategie di Growth Hacking e far crescere il proprio business pi rapidamente.

Il product-market fit (PMF)   un indicatore che misura il grado di soddisfazione del mercato rispetto al prodotto o servizio che stato proposto. un concetto fondamentale su cui le startup dovrebbero basarsi, perch permette di capire se il prodotto piace realmente al mercato. Solo con un prodotto che soddisfa le esigenze del mercato possibile scalare un business.

Il PMF composto da due elementi:

- **Il prodotto:** il prodotto deve essere valido e soddisfare le esigenze dei clienti.
- **Il mercato:** il mercato deve essere in grado di supportare il prodotto e generare ricavi.

Se un prodotto non soddisfa le esigenze del mercato, non avr successo. Se il mercato non in grado di supportare il prodotto, non ci sar abbastanza domanda per generare ricavi.

Per raggiungere il PMF, le startup devono testare il loro prodotto con i clienti il prima possibile. Questo pu essere fatto attraverso una variet di metodi, tra cui:

- **Interviste con i clienti:** le interviste con i clienti consentono alle startup di comprendere le esigenze e i desideri dei clienti.
- **Sondaggi online:** i sondaggi online consentono alle startup di raccogliere feedback da un ampio gruppo di persone.
- **A/B test:** gli A/B test consentono alle startup di confrontare due versioni di un prodotto per vedere quale versione pi efficace.

Le startup dovrebbero continuare a testare e iterare il loro prodotto fino a quando non raggiungono il PMF.

Ecco alcuni suggerimenti per raggiungere il PMF:

- **Focalizzati sulle esigenze dei clienti.** Non pensare a quello che tu vorresti che il prodotto fosse, ma pensa a quello che i clienti vogliono che il prodotto sia.
- **Raccogli feedback dai clienti in modo continuo.** Non aspettare di avere un prodotto completo per raccogliere feedback. Inizia a raccogliere feedback il prima possibile.
- **Sii flessibile.** Non essere troppo affezionato al tuo prodotto originale. Se i feedback dei clienti indicano che il prodotto deve essere cambiato, sii disposto a apportare modifiche.

Raggiungere il PMF è un processo difficile, ma è essenziale per il successo di una startup.

Se una startup non ha raggiunto il PMF, significa che il suo prodotto o servizio non soddisfa ancora le esigenze del mercato. In questa fase, la startup dovrebbe focalizzarsi maggiormente sul prodotto, cercando di capire cosa migliorare per renderlo più attraente per i clienti.

La startup dovrebbe anche valutare se il mercato di riferimento è quello giusto. È possibile che il prodotto o servizio sia valido, ma che non sia destinato al mercato giusto. In questo caso, la startup dovrebbe cercare di identificare un mercato più adatto per il suo prodotto.

La parte relativa al marketing è importante anche in questa fase. I miglioramenti che verranno apportati al prodotto per raggiungere il PMF derivano principalmente dai feedback degli utenti. La startup dovrebbe quindi lavorare su una strategia di marketing con l'obiettivo di portare nuovi utenti, in modo da raccogliere più feedback e accelerare il processo di apprendimento convalidato.

Ecco alcuni suggerimenti per le startup che non hanno raggiunto il PMF:

- **Focalizzati sui feedback degli utenti.** Raccogli feedback dai clienti in modo continuo e utilizzali per migliorare il tuo prodotto.

- **Fai dei test.** Testa diverse versioni del tuo prodotto per vedere quale versione è più efficace.

- **Sii flessibile.** Non essere troppo affezionato al tuo prodotto originale. Se i feedback dei clienti indicano che il prodotto deve essere cambiato, sii disposto a apportare modifiche.

Raggiungere il PMF è un processo difficile, ma è essenziale per il successo di una startup.

Se una startup ha raggiunto il PMF, significa che il suo prodotto o servizio soddisfa le esigenze del mercato. In questa fase, la startup ha un prodotto funzionante e l'obiettivo principale diventa la crescita.

La startup dovrebbe quindi concentrarsi sulle strategie di marketing per massimizzare i profitti. Queste strategie possono includere:

- **Acquisizione di utenti:** la startup può utilizzare una varietà di canali di marketing per attirare nuovi utenti al suo prodotto o servizio.

- **Attivazione di utenti:** la startup può incoraggiare gli utenti a utilizzare il suo prodotto o servizio in modo completo e regolare.

- **Mantenimento di utenti:** la startup può mantenere gli utenti attivi e coinvolti nel suo prodotto o servizio.

La startup dovrebbe anche concentrarsi sulla scalabilità del suo business. La scalabilità significa essere in grado di far crescere il business senza aumentare i costi in proporzione.

Ecco alcuni suggerimenti per le startup che hanno raggiunto il PMF:

•**Concentrati sulla crescita.** L'obiettivo principale in questa fase è far crescere il business.

•**Sviluppa una strategia di marketing efficace.** La strategia di marketing dovrebbe essere focalizzata a massimizzare i profitti.

•**Scala il tuo business.** La scalabilità è essenziale per il successo a lungo termine.

Raggiungere il PMF è un traguardo importante per una startup. Tuttavia, non è il punto di arrivo. Le startup devono continuare a concentrarsi sulla crescita e sulla scalabilità per avere successo a lungo termine.

Il metodo proposto da Sean Ellis è uno dei metodi più semplici e efficaci per calcolare se una startup ha raggiunto il PMF.

Il metodo si basa su un sondaggio che viene inviato agli utenti del prodotto o servizio della startup. Il sondaggio chiede agli utenti come si sentirebbero se il prodotto o servizio fosse ritirato dal mercato. Le risposte possibili sono:

•**Estremamente deluso**

•**Moderatamente deluso**

•**Per nulla deluso**

Se almeno il 40% delle risposte corrisponde a "estremamente deluso", significa che il prodotto o servizio ha raggiunto il PMF.

Questo metodo è semplice da implementare e può essere utilizzato da qualsiasi startup, indipendentemente dalle sue dimensioni o dal suo budget.

Ecco alcuni suggerimenti per utilizzare il metodo proposto da Sean Ellis:

•**Invia il sondaggio a un campione rappresentativo degli utenti del tuo prodotto o servizio.**

•**Raccogli le risposte in modo anonimo.**

•**Interpreta i risultati con attenzione.**

Se il risultato del sondaggio positivo, significa che il tuo prodotto o servizio ha raggiunto il PMF. In questo caso, puoi concentrarti sulla crescita e sulla scalabilit del tuo business.

Il PMF, una volta raggiunto, non detto che rimanga sempre tale. Ci sono tanti fattori che possono influenzare il prodotto sul mercato, come:

- **Nuovi trend:** i trend del mercato possono cambiare rapidamente, e ci pu influire sulla domanda per un prodotto o servizio.

- **Nuova segmentazione del target:** il target di riferimento di un prodotto o servizio pu cambiare nel tempo, e ci pu richiedere modifiche al prodotto o servizio per soddisfare le esigenze del nuovo target.

- **Nuove caratteristiche aggiunte al prodotto:** nuove caratteristiche possono essere aggiunte al prodotto da concorrenti o da altre aziende, e ci pu rendere il prodotto meno competitivo.

Per riuscire a mantenere un prodotto che continui a interessare al mercato, importante impostare un ciclo di apprendimento basato su feedback degli utenti. In questo modo, le aziende possono capire quando e come migliorare il prodotto, nel caso in cui questo inizia a non soddisfare pi le esigenze del cliente.

Ecco alcuni suggerimenti per mantenere il PMF:

- **Raccogli feedback dagli utenti in modo continuo.** Non aspettare che i clienti si lamentino per raccogliere feedback.

- **Utilizza i feedback degli utenti per migliorare il prodotto.** Analizza i feedback e apporta modifiche al prodotto per soddisfare le esigenze dei clienti.

- **Sii flessibile.** Non essere troppo affezionato al tuo prodotto originale. Se i feedback degli utenti indicano che il prodotto deve essere cambiato, sii disposto a apportare modifiche.

Mantenere il PMF un processo continuo che richiede impegno e attenzione. Le aziende che sono disposte a lavorare duramente per ascoltare i feedback degli utenti e migliorare il proprio prodotto hanno maggiori probabilit di successo a lungo termine.

S , sulla base di quello che stato spiegato fin ora, possibile analizzare il processo di Growth Hacking.

Il Growth Hacking un processo di tipo lean, che si basa su un ciclo continuo di sperimentazione, misurazione e apprendimento. Questo ciclo si pu dividere in quattro fasi:

1. ** **Definizione degli obiettivi: la prima fase quella di definire gli obiettivi di crescita del business. Questi obiettivi possono essere di natura quantitativa (ad esempio, aumentare il numero di utenti o le entrate) o qualitativa (ad esempio, migliorare la soddisfazione dei clienti o la fedelt dei clienti).

2. ** **Ricerca del mercato: la seconda fase quella di ricercare il mercato per comprendere le esigenze dei clienti e le opportunit di crescita. Questa ricerca pu essere effettuata attraverso una variet di metodi, tra cui:

* **Interviste con i clienti:** le interviste con i clienti consentono di comprendere le esigenze e i desideri dei clienti in modo approfondito.
* **Sondaggi online:** i sondaggi online consentono di raccogliere feedback da un ampio gruppo di persone.
* **A/B test:** gli A/B test consentono di confrontare due versioni di un prodotto o servizio per vedere quale versione pi efficace.

3. ** **Sperimentazione: la terza fase quella di sperimentare diverse strategie di crescita per identificare quelle pi efficaci. Queste strategie possono includere:

* **Acquisizione di utenti:** le strategie di acquisizione di utenti sono finalizzate ad attirare nuovi utenti al prodotto o servizio.
* **Attivazione di utenti:** le strategie di attivazione di utenti sono finalizzate a incoraggiare gli utenti a utilizzare il prodotto o servizio in modo completo e regolare.
* **Mantenimento di utenti:** le strategie di mantenimento di utenti sono finalizzate a mantenere gli utenti attivi e coinvolti nel prodotto o servizio.

4. ** **Misurazione e apprendimento: la quarta fase quella di misurare i risultati delle sperimentazioni e imparare da essi. Questa misurazione pu essere effettuata attraverso una variet di metodi, tra cui:

* **Tracciamento dei dati:** il tracciamento dei dati consente di raccogliere informazioni sui risultati delle sperimentazioni.
* **Analisi dei dati:** l'analisi dei dati consente di identificare le tendenze e i fattori che influiscono sui risultati delle sperimentazioni.

Il processo di Growth Hacking un processo iterativo, che si basa sul miglioramento continuo. Le aziende che utilizzano il Growth Hacking devono essere disposte a sperimentare e imparare, in modo da poter identificare le strategie di crescita pi efficaci.

Ecco alcuni suggerimenti per implementare il processo di Growth Hacking:

- **Inizia con obiettivi chiari e misurabili.** importante sapere cosa si vuole ottenere prima di iniziare a sperimentare.

- **Raccogli feedback dagli utenti in modo continuo.** I feedback degli utenti sono fondamentali per identificare le strategie di crescita pi efficaci.

- **Sii flessibile.** Non essere troppo affezionato alle tue idee originali. Se i feedback degli utenti indicano che devi cambiare qualcosa, sii disposto a farlo.

Il Growth Hacking un processo potente che pu aiutare le aziende a crescere rapidamente. Tuttavia, importante ricordare che il Growth Hacking non una bacchetta magica. Richiede impegno, attenzione e un approccio basato sui dati.

Il processo di Growth Hacking si divide in sei fasi distinte, che sono:

1. Brainstorming: questa fase finalizzata alla generazione di idee per testare strategie di crescita. importante coinvolgere tutto il team, in modo da raccogliere idee da diversi punti di vista.

2. Priorit : questa fase finalizzata alla selezione delle idee da testare. Per farlo, possibile utilizzare un sistema di punteggio, come il modello I.C.E., che valuta le idee in base all'impatto, alla fiducia e alla facilit di implementazione.

3. Test: questa fase finalizzata alla sperimentazione delle idee selezionate. importante testare le idee su un campione rappresentativo di utenti, in modo da poter raccogliere dati affidabili.

4. Analisi: questa fase finalizzata all'analisi dei dati raccolti durante i test. L'analisi dei dati consente di identificare le strategie di crescita pi efficaci.

5. Implementazione: questa fase finalizzata all'implementazione delle strategie di crescita che hanno avuto successo.

6. Rilevamento e apprendimento: questa fase finalizzata al rilevamento di nuove opportunit di crescita e all'apprendimento dai risultati dei test.

Il processo di Growth Hacking un processo iterativo, che si basa sul miglioramento continuo. Le aziende che utilizzano il Growth Hacking devono essere disposte a sperimentare e imparare, in modo da poter identificare le strategie di crescita pi efficaci.

Ecco alcuni suggerimenti per implementare il processo di Growth Hacking:

- **Inizia con obiettivi chiari e misurabili.** importante sapere cosa si vuole ottenere prima di iniziare a sperimentare.

- **Raccogli feedback dagli utenti in modo continuo.** I feedback degli utenti sono fondamentali per identificare le strategie di crescita pi efficaci.

- **Sii flessibile.** Non essere troppo affezionato alle tue idee originali. Se i feedback degli utenti indicano che devi cambiare qualcosa, sii disposto a farlo.

Il Growth Hacking un processo potente che pu aiutare le aziende a crescere rapidamente. Tuttavia, importante ricordare che il Growth Hacking non una bacchetta magica. Richiede impegno, attenzione e un approccio basato sui dati.

Nel caso specifico, la fase di brainstorming fondamentale per generare idee creative e innovative. importante che tutti i membri del team siano coinvolti in questo processo, in modo da poter raccogliere idee da diversi punti di vista.

La fase di priorit importante per selezionare le idee da testare. Il modello I.C.E. un sistema di punteggio semplice e efficace che pu essere utilizzato per valutare le idee in base a tre criteri: impatto, fiducia ed ease.

La fase di test fondamentale per verificare l'efficacia delle idee. importante testare le idee su un campione rappresentativo di utenti, in modo da poter raccogliere dati affidabili.

La fase di analisi importante per identificare le strategie di crescita pi efficaci. L'analisi dei dati consente di identificare quali idee hanno avuto successo e quali no.

La fase di implementazione importante per implementare le strategie di crescita che hanno avuto successo.

La fase di rilevamento e apprendimento è importante per rilevare nuove opportunità di crescita e per imparare dai risultati dei test.

La fase di test è finalizzata alla sperimentazione delle idee selezionate. È importante testare le idee su un campione rappresentativo di utenti, in modo da poter raccogliere dati affidabili.

L'experiment doc è un documento che contiene tutte le informazioni relative a un esperimento. Questo documento è importante per mantenere un registro delle attività di test e per garantire la trasparenza del processo.

Le informazioni che devono essere riportate nell'experiment doc sono le seguenti:

- **Nome del test:** è importante dare un nome al test per riconoscerlo in futuro.
- **Durata del test:** ogni esperimento ha una durata precisa, di solito una o due settimane massimo. Esperimenti con durata troppo lunga non sono molto performanti, perché è sempre meglio raccogliere dati nel più breve tempo.
- **Ipotesi di partenza:** riguarda l'idea scelta esplicitata sotto forma di ipotesi.
- **Test:** si descrive la modalità di svolgimento e di realizzazione dell'esperimento.
- **Metriche:** si selezionano delle metriche da tenere come riferimento.
- **Risultati:** si verificano i risultati ottenuti confrontandoli con quelli attesi.

L'esperimento viene considerato un successo se i risultati ottenuti sono superiori o uguali a quelli attesi. In caso contrario, l'esperimento viene considerato un fallimento.

Ecco alcuni suggerimenti per implementare la fase di test del processo di Growth Hacking:

- **Seleziona un campione rappresentativo di utenti:** è importante che il campione di utenti utilizzato per il test sia rappresentativo della popolazione di riferimento.
- **Raccogli dati affidabili:** è importante raccogliere dati affidabili, evitando di introdurre bias nel processo di raccolta dati.
- **Analizza i dati in modo oggettivo:** è importante analizzare i dati in modo oggettivo, evitando di interpretare i dati in base alle proprie convinzioni.

La fase di test è una fase fondamentale del processo di Growth Hacking. È importante testare le idee in modo rigoroso, in modo da poter identificare le strategie di crescita più efficaci.

La descrizione della fase di implementazione del processo di Growth Hacking che hai fornito è corretta.

La fase di implementazione   finalizzata alla realizzazione dell'esperimento.   importante che l'esperimento venga realizzato in modo efficiente e che i tempi di consegna vengano rispettati.

L'implementazione dell'esperimento pu   essere suddivisa in due fasi:

- **Preparazione:** in questa fase   necessario pianificare l'esperimento, definire i task e assegnare le risorse.
- **Esecuzione:** in questa fase   necessario realizzare l'esperimento secondo i piani.

Ecco alcuni suggerimenti per implementare la fase di implementazione del processo di Growth Hacking:

- **Pianifica l'esperimento in modo dettagliato:**   importante definire chiaramente gli obiettivi dell'esperimento, i task da realizzare e le risorse necessarie.
- **Assegna le risorse competenti:**   importante che le risorse assegnate all'esperimento siano competenti e abbiano le competenze necessarie per realizzare l'esperimento.
- **Rispetta i tempi di consegna:**   importante che i tempi di consegna vengano rispettati, in modo da poter raccogliere i dati in modo tempestivo.

La fase di implementazione   una fase fondamentale del processo di Growth Hacking.   importante che l'esperimento venga realizzato in modo efficiente, in modo da poter raccogliere i dati necessari per la fase di analisi.

Il tuo commento aggiunge un'importante considerazione: importante che in fase di esecuzione tutto vada come previsto. Questo significa che   necessario monitorare l'esperimento in modo continuo, in modo da poter intervenire rapidamente in caso di problemi.

La fase di analisi   finalizzata all'analisi dei dati raccolti durante l'esperimento.   importante analizzare i dati in modo oggettivo, evitando di interpretare i dati in base alle proprie convinzioni.

L'analisi dei dati pu   essere suddivisa in due fasi:

- **Verifica della correttezza dei dati:** in questa fase   necessario verificare che i dati raccolti siano corretti e non siano stati distorti da fattori esterni.

- **Analisi dei risultati:** in questa fase necessario analizzare i risultati dei dati raccolti, confrontandoli con le aspettative riportate sull'experiment doc.

Ecco alcuni suggerimenti per implementare la fase di analisi del processo di Growth Hacking:

- **Utilizza strumenti di analisi dei dati:** esistono diversi strumenti di analisi dei dati che possono aiutare a semplificare il processo di analisi.

- **Fai un'analisi quantitativa e qualitativa dei dati:** importante analizzare i dati sia in modo quantitativo, utilizzando numeri e statistiche, sia in modo qualitativo, utilizzando le parole e le opinioni delle persone.

- **Interpreta i dati in modo oggettivo:** importante interpretare i dati in modo oggettivo, evitando di interpretare i dati in base alle proprie convinzioni.

La fase di analisi una fase fondamentale del processo di Growth Hacking. importante analizzare i dati in modo accurato, in modo da poter identificare le strategie di crescita pi efficaci.

Il tuo commento aggiunge un'importante considerazione: importante verificare che i dati non siano distorti. Questo significa che necessario identificare eventuali fattori esterni che potrebbero aver influenzato i dati raccolti.

La fase di systemise finalizzata all'integrazione delle strategie di crescita che hanno avuto successo. importante che le strategie di crescita vengano integrate nei processi aziendali, in modo da poterle replicare in modo efficiente.

La fase di systemise pu essere suddivisa in due fasi:

- **Valutazione dei risultati:** in questa fase necessario valutare i risultati dell'esperimento, per determinare se l'esperimento stato un successo o un fallimento.

- **Integrazione delle strategie:** in questa fase necessario integrare le strategie di crescita che hanno avuto successo nei processi aziendali.

Ecco alcuni suggerimenti per implementare la fase di systemise del processo di Growth Hacking:

- **Valuta i risultati in modo oggettivo:** importante valutare i risultati in modo oggettivo, evitando di interpretare i dati in base alle proprie convinzioni.

- **Implementa le strategie in modo efficiente:** importante implementare le strategie in modo efficiente, in modo da poterle replicare in modo rapido ed economico.

La fase di systemise   una fase fondamentale del processo di Growth Hacking.   importante che le strategie di crescita che hanno avuto successo vengano integrate nei processi aziendali, in modo da poterle replicare e ottenere risultati ancora pi   efficaci.

Il tuo commento aggiunge un'importante considerazione: possibile riproporre le strategie di crescita che hanno avuto successo in altre situazioni. Questo significa che   possibile utilizzare il processo di Growth Hacking per identificare strategie di crescita che possono essere applicate a diversi prodotti o servizi.

Avere degli obiettivi specifici e dei dati su cui basarsi   fondamentale per le startup che vogliono scalare il proprio business.

Gli obiettivi specifici aiutano a definire la direzione del business e a misurare i risultati raggiunti. I dati, invece, forniscono informazioni preziose sulle performance del business e sulle strategie che stanno funzionando.

Nel processo di Growth Hacking, la definizione degli obiettivi e la scelta delle metriche da monitorare sono fasi fondamentali.   importante che gli obiettivi siano specifici, misurabili, raggiungibili, rilevanti e temporalmente definiti (SMART). Le metriche, invece, devono essere pertinenti agli obiettivi e devono fornire informazioni utili per prendere decisioni.

Ecco alcuni esempi di obiettivi SMART che una startup potrebbe avere:

- **Aumentare il numero di utenti attivi del prodotto del 10% in un trimestre.**
- **Diminuire il tasso di abbandono del carrello del 5% in un mese.**
- **Aumentare il tasso di conversione delle pagine di destinazione del 20% in una settimana.**

Ecco alcuni esempi di metriche che una startup potrebbe monitorare:

- **Numero di utenti attivi
- **Tasso di abbandono del carrello
- **Tasso di conversione delle pagine di destinazione
- **Margine di profitto
- **Crescita delle entrate
- **Tasso di soddisfazione dei clienti**

La scelta delle metriche da monitorare dipende dagli obiettivi specifici della startup. importante che le metriche siano pertinenti agli obiettivi e che forniscano informazioni utili per prendere decisioni.

Il metodo S.M.A.R.T. un metodo efficace per scegliere obiettivi validi per una startup.

Gli obiettivi S.M.A.R.T. sono:

- **Specifici:** devono essere chiari e concisi.
- **Misurabili:** devono essere quantificabili e misurabili.
- **Raggiungibili:** devono essere realistici e realizzabili.
- **Relevanti:** devono essere pertinenti agli obiettivi generali della startup.
- **Temporanee:** devono avere una scadenza.

Ecco alcuni esempi di obiettivi S.M.A.R.T. che una startup potrebbe avere:

- **Specifico:** Aumentare il numero di utenti attivi del prodotto del 10% in un trimestre.
- **Misurabile:** Il numero di utenti attivi deve essere misurato dal sistema di analisi dei dati.
- **Raggiungibile:** Un aumento del 10% del numero di utenti attivi realistico e realizzabile per una startup con un prodotto in fase di crescita.
- **Relevante:** L'aumento del numero di utenti attivi un obiettivo rilevante per una startup che vuole scalare il proprio business.
- **Temporanea:** L'obiettivo ha una scadenza di un trimestre.

Gli obiettivi S.M.A.R.T. aiutano le startup a definire obiettivi chiari e realistici, che possono essere misurati e raggiunti. Questo fondamentale per il successo di una startup.

Ecco alcuni consigli per scegliere obiettivi S.M.A.R.T. per una startup:

- **Coinvolgi il team:** la scelta degli obiettivi deve essere un processo partecipativo, che coinvolge tutto il team.
- **Pensa a lungo termine:** gli obiettivi S.M.A.R.T. devono essere in linea con gli obiettivi generali della

startup.

- **Rivedi gli obiettivi regolarmente:** gli obiettivi dovrebbero essere rivisti regolarmente, in base all'evoluzione della startup.

-

-

- I cinque criteri SMART sono un modo efficace per stabilire se un obiettivo   valido.

- **Specific:** un obiettivo deve essere specifico, cio   deve essere chiaro e conciso. Deve esprimere chiaramente cosa si vuole ottenere, come si vuole ottenere e perch   si vuole ottenere.

- **Measurable:** un obiettivo deve essere misurabile, cio   deve essere quantificabile. Deve essere possibile misurare i progressi compiuti verso il raggiungimento dell'obiettivo.

- **Achievable:** un obiettivo deve essere raggiungibile, cio   deve essere realistico e realizzabile. Deve essere possibile raggiungere l'obiettivo con le risorse a disposizione.

- **Relevant:** un obiettivo deve essere rilevante, cio   deve essere importante per l'organizzazione. Deve essere un obiettivo che vale la pena perseguire.

- **Time-based:** un obiettivo deve avere una scadenza, cio   deve essere raggiunto entro un determinato periodo di tempo.

Dopo aver scelto gli obiettivi SMART,   importante definire le metriche chiave che aiutano a capire se una strategia   efficiente.

Le metriche chiave sono indicatori che misurano il progresso verso il raggiungimento degli obiettivi. Devono essere scelte in base agli obiettivi e devono essere pertinenti e significative.

Ecco alcuni esempi di metriche chiave che una startup potrebbe utilizzare:

- **Numero di utenti attivi

- **Tasso di abbandono del carrello

- **Tasso di conversione delle pagine di destinazione

- **Margine di profitto

- **Crescita delle entrate

- **Tasso di soddisfazione dei clienti**

La scelta delle metriche chiave importante perch aiuta a misurare i risultati e a prendere decisioni informate.

Le metriche sono misure quantificabili che vengono utilizzate per valutare le prestazioni o il progresso. Possono essere utilizzate per misurare una variet di cose, come le vendite, il traffico del sito Web, il coinvolgimento dei clienti e la soddisfazione dei clienti.

I KPI, invece, sono un sottoinsieme delle metriche. Sono le metriche che sono pi importanti per un'azienda e che sono fondamentali per il raggiungimento degli obiettivi aziendali. I KPI sono solitamente specifici, misurabili, raggiungibili, rilevanti e temporalmente definiti (SMART).

Ad esempio, il numero di visitatori al mese sul sito Web una metrica. Tuttavia, se un'azienda ha l'obiettivo di aumentare le vendite, il numero di visitatori al mese potrebbe non essere il KPI pi importante. Un KPI pi importante potrebbe essere il tasso di conversione delle pagine di destinazione, che misura la percentuale di visitatori che compiono un'azione desiderata, come l'acquisto di un prodotto o il download di un'app.

La differenza tra metriche e KPI importante da comprendere perch aiuta a determinare quali metriche sono pi importanti da monitorare. I KPI dovrebbero essere le metriche che sono pi rilevanti per gli obiettivi aziendali e che forniscono le informazioni pi preziose per prendere decisioni informate.

Ecco alcuni esempi di KPI che un'azienda potrebbe utilizzare:

- **Numero di clienti acquisiti
- **Tasso di conversione delle pagine di destinazione
- **Tasso di abbandono del carrello
- **Margine di profitto
- **Crescita delle entrate
- **Tasso di soddisfazione dei clienti**

La scelta dei KPI giusti dipende dagli obiettivi e dal business specifico di un'azienda.

KPI sta per "key performance indicator", che in italiano significa indicatore chiave di prestazione.

Una metrica   una misura quantificabile che viene utilizzata per valutare le prestazioni o il progresso. Un KPI, invece,   una metrica che   pi importante per un'azienda e che   fondamentale per il raggiungimento degli obiettivi aziendali.

La differenza tra metriche e KPI   importante da comprendere perch   aiuta a determinare quali metriche sono pi importanti da monitorare. I KPI dovrebbero essere le metriche che sono pi rilevanti per gli obiettivi aziendali e che forniscono le informazioni pi preziose per prendere decisioni informate.

Secondo la tua definizione, una metrica pu essere considerata un KPI se   considerata chiave per un determinato business. In altre parole, una metrica   un KPI se   importante per il successo del business.

Ad esempio, il numero di visitatori al mese sul sito Web   una metrica. Tuttavia, se un'azienda ha l'obiettivo di aumentare le vendite, il numero di visitatori al mese potrebbe non essere il KPI pi importante. Un KPI pi importante potrebbe essere il tasso di conversione delle pagine di destinazione, che misura la percentuale di visitatori che compiono un'azione desiderata, come l'acquisto di un prodotto o il download di un'app.

In questo caso, il tasso di conversione delle pagine di destinazione   un KPI perch   importante per il successo dell'azienda. Il numero di visitatori al mese   ancora una metrica, ma non   un KPI perch   non   cos importante per il successo dell'azienda.

La scelta dei KPI giusti dipende dagli obiettivi e dal business specifico di un'azienda.

I KPI che hai elencato sono tutti importanti per il successo di una startup. Sono tutti misurabili e rilevanti per gli obiettivi di una startup.

Ecco alcuni dettagli aggiuntivi sui KPI che hai elencato:

•**Consumer Acquisition Cost (CAC)**: il CAC   una metrica importante perch   indica quanto costa acquisire un nuovo cliente. Un CAC basso   importante per una startup perch   significa che la startup pu generare profitti pi rapidamente.

•**Life Time Value (LTV)**: il LTV   una metrica importante perch   indica quanto profitto pu generare un cliente nel corso della sua vita. Un LTV alto   importante per una startup perch   significa che la startup pu generare profitti nel lungo periodo.

•**Churn Rate:** il churn rate una metrica importante perch indica quanti clienti lasciano il prodotto o il servizio di una startup. Un churn rate basso importante per una startup perch significa che la startup sta fidelizzando i propri clienti.

•**Average Revenue Per User (ARPU):** l'ARPU una metrica importante perch indica quanto denaro spende in media un cliente. Un ARPU alto importante per una startup perch significa che la startup sta generando profitti da ogni cliente.

•**K Factor:** il K Factor una metrica importante perch indica quanto rapidamente un prodotto o un servizio si sta diffondendo. Un K Factor alto importante per una startup perch significa che la startup sta generando nuovi clienti senza dover spendere molto denaro per l'acquisizione.

La scelta dei KPI giusti per una startup dipende dagli obiettivi specifici della startup. Tuttavia, i KPI che hai elencato sono un buon punto di partenza per qualsiasi startup.

Il funnel dei pirati, noto anche come AARRR, un framework utilizzato nel Growth Hacking per descrivere il ciclo di vita di un cliente. Il funnel composto da cinque fasi:

•**Acquisition:** la fase in cui un potenziale cliente viene a conoscenza del prodotto o servizio.

•**Activation:** la fase in cui il potenziale cliente inizia a utilizzare il prodotto o servizio.

•**Retention:** la fase in cui il cliente continua a utilizzare il prodotto o servizio nel tempo.

•**Referral:** la fase in cui il cliente invita altri a utilizzare il prodotto o servizio.

•**Revenue:** la fase in cui il cliente genera entrate per l'azienda.

Il funnel dei pirati considerato uno dei framework pi efficienti nel mondo del marketing moderno perch docorivo al moglio il ciclo di vita di un cliente. Le cinque fasi del funnel sono interconnesse e si influenzano reciprocamente. Ad esempio, un'efficace strategia di acquisizione pu portare a un aumento del numero di utenti attivi, che a sua volta pu portare a un aumento della retention.

Il funnel dei pirati uno strumento prezioso per le startup perch aiuta a identificare le aree in cui necessario migliorare il prodotto o servizio per aumentare la crescita. Ad esempio, se il tasso di retention basso, la startup potrebbe dover concentrarsi sulla creazione di un'esperienza utente pi coinvolgente.

Ecco alcuni esempi di come il funnel dei pirati pu essere utilizzato dalle startup:

•**Una startup che sviluppa un'app mobile potrebbe utilizzare il funnel dei pirati per migliorare il tasso di acquisizione. La startup potrebbe fare pubblicit sui social media, creare contenuti di alta qualit o collaborare con influencer.**

•**Una startup che vende un prodotto SaaS potrebbe utilizzare il funnel dei pirati per migliorare il tasso di retention. La startup potrebbe offrire una prova gratuita, fornire un supporto clienti di alta qualit o offrire funzionalit aggiuntive ai clienti fidelizzati.**

•**Una startup che vende un servizio di abbonamento potrebbe utilizzare il funnel dei pirati per migliorare il tasso di referral. La startup potrebbe offrire sconti ai clienti che invitano altri a sottoscrivere l'abbonamento.**

Il funnel dei pirati   un framework flessibile che pu   essere adattato alle esigenze specifiche di qualsiasi startup.

La traduzione italiana di Awareness   "consapevolezza". In questa fase, l'utente prende consapevolezza dell'esistenza del prodotto o servizio e quindi   il primo contatto tra utente e prodotto o servizio. L'obiettivo di questa fase   quello di far conoscere il brand a pi   utenti possibili, facendo attenzione al target di riferimento. Il focus di questa fase   quello di cercare utenti in target e portarli all'interno del funnel con l'obiettivo di trasformarli in clienti.

Ecco alcuni esempi di attivit   che possono essere utilizzate per aumentare la consapevolezza di un prodotto o servizio:

•**Pubblicit   sui social media**

•**Campagne di marketing online**

•**Pubblicit   offline**

•**Collaborazioni con influencer**

•**Creazione di contenuti di alta qualit**

La scelta delle attivit   da utilizzare dipende dal budget, dal target di riferimento e dagli obiettivi specifici della startup.

Ecco alcuni consigli per migliorare la consapevolezza di un prodotto o servizio:

•**Concentrati sul tuo target di riferimento.** Chi vuoi raggiungere? Cosa vogliono?

•**Crea contenuti di alta qualit .** I contenuti devono essere interessanti e pertinenti per il tuo target.

•**Usa i dati per misurare i risultati.** Monitora le tue attivit   per vedere cosa funziona e cosa non funziona.

La consapevolezza   una fase fondamentale del funnel dei pirati. Se un utente non   consapevole dell'esistenza del tuo prodotto o servizio, non potr   mai passare alle fasi successive del funnel.

Le metriche su cui puntare e fare attenzione in fase di awareness sono quelle che misurano la quantit   di persone che vengono a conoscenza del tuo prodotto o servizio.

Le metriche che hai elencato sono tutte valide e possono essere utilizzate per misurare la consapevolezza.

•**Il traffico sul proprio sito web** una metrica importante perch misura il numero di persone che visitano il tuo sito web. Un aumento del traffico sul sito web indica che stai raggiungendo pi persone.

•**Il traffico su una specifica landing page** una metrica importante perch misura il numero di persone che visitano una pagina specifica del tuo sito web. Una landing page una pagina progettata per convertire i visitatori in lead o clienti. Un aumento del traffico su una landing page indica che la tua pagina efficace nel raggiungere il suo obiettivo.

•**Le visualizzazioni di un articolo pubblicato sul blog o su un social** sono una metrica importante perch misurano il numero di persone che leggono i tuoi contenuti. Un aumento delle visualizzazioni indica che i tuoi contenuti sono interessanti e pertinenti per il tuo target.

•**L'aumento dei followers su un profilo social** una metrica importante perch misura il numero di persone che ti seguono sui social media. Un aumento dei followers indica che stai raggiungendo pi persone e che stai costruendo una community intorno al tuo brand.

•**I download dell'app** sono una metrica importante perch misurano il numero di persone che scaricano la tua app. Un aumento dei download indica che il tuo prodotto o servizio interessante e utile per le persone.

Oltre a queste metriche, puoi anche utilizzare altre metriche per misurare la consapevolezza. Ad esempio, puoi utilizzare le metriche di social media come le impressioni, le interazioni e la condivisione. Puoi anche utilizzare le metriche di marketing come il tasso di clic (CTR) e il tasso di conversione (CR).

La scelta delle metriche da utilizzare dipende dagli obiettivi specifici della tua startup.

La fase di acquisizione riguarda l'acquisizione di un utente effettivo, ovvero un utente che lascia un qualsiasi tipo di dato (omail, numero di telefono o altro). In questo step viene considerato un utente effettivo colui che ha dimostrato un interesse concreto per il tuo prodotto o servizio.

La scelta delle attivit da utilizzare dipende dal budget, dal target di riferimento e dagli obiettivi specifici della startup.

Ecco alcuni consigli per migliorare l'acquisizione di utenti:

- **Offri qualcosa di valore in cambio dei dati dell'utente.** L'utente deve avere un motivo per lasciare i suoi dati.

- **Personalizza le tue offerte e i tuoi messaggi.** Gli utenti sono pi propensi a rispondere a offerte e messaggi che sono pertinenti per loro.

- **Usa i dati per misurare i risultati.** Monitora le tue attivit per vedere cosa funziona e cosa non funziona.

L'acquisizione   una fase fondamentale del funnel dei pirati. Se non riesci ad acquisire utenti, non potrai mai passare alle fasi successive del funnel.

Le metriche e le strategie di acquisizione variano a seconda del proprio modello di business. Ad esempio, una startup che vende un prodotto fisico avr   bisogno di strategie di acquisizione diverse rispetto a una startup che vende un servizio digitale.

Inoltre, le strategie di acquisizione sono strettamente collegate con quelle della fase di consapevolezza. Infatti, lavorare bene nella prima fase   fondamentale per ottenere dei risultati in questa fase.

Ecco alcuni esempi di metriche che possono essere utilizzate per misurare l'acquisizione:

- **Il tasso di conversione da awareness a acquisition.** Questa metrica misura la percentuale di utenti che passano dalla fase di consapevolezza alla fase di acquisizione.
- **Il costo per acquisizione (CPA).** Questa metrica misura quanto costa acquisire un nuovo utente.
- **Il tasso di abbandono della landing page.** Questa metrica misura la percentuale di utenti che abbandonano la landing page senza lasciare i propri dati.

Ecco alcuni esempi di strategie di acquisizione che possono essere utilizzate:

- **Offerte e sconti.** Le offerte e gli sconti sono un modo efficace per attirare nuovi utenti.
- **Campagne di lead generation.** Le campagne di lead generation sono progettate per raccogliere informazioni sui potenziali clienti.
- **Pubblicit   pay-per-click.** La pubblicit   pay-per-click   un modo efficace per raggiungere un pubblico target.
- **Marketing di affiliazione.** Il marketing di affiliazione   un modo per collaborare con altri per promuovere il tuo prodotto o servizio.
- **Collaborazioni con influencer.** Le collaborazioni con influencer sono un modo efficace per raggiungere un pubblico target.

La scelta delle metriche e delle strategie da utilizzare dipende dal modello di business della startup, dal target di riferimento e dagli obiettivi specifici della startup.

Le metriche che hai elencato sono tutte valide e possono essere utilizzate per misurare l'acquisizione di utenti.

•**Il numero di utenti registrati** una metrica importante perch misura il numero di utenti che hanno lasciato i propri dati. Un aumento del numero di utenti registrati indica che le tue strategie di acquisizione stanno funzionando.

•**Il numero di contatti ottenuti** una metrica importante perch misura il numero di informazioni che hai ottenuto sugli utenti. Queste informazioni possono essere utilizzate per migliorare le tue strategie di marketing e di vendita.

•**Il costo di acquisizione utente (CAC)** una metrica importante perch misura quanto costa acquisire un nuovo utente. Un CAC basso importante per le startup perch significa che la startup pu generare profitti pi rapidamente.

Tuttavia, come hai sottolineato, importante valutare queste metriche in funzione del proprio modello di business. Ad esempio, una startup che vende un prodotto fisico avr bisogno di un CAC pi alto rispetto a una startup che vende un servizio digitale.

Inoltre, importante confrontare il CAC con altre metriche, come il LTV. Il LTV una metrica che misura il profitto generato da un cliente nel corso della sua vita. Il rapporto tra CAC e LTV aiuta a capire se la startup sta generando profitti da ogni cliente acquisito.

Ecco alcuni consigli per migliorare le metriche di acquisizione:

•**Personalizza le tue offerte e i tuoi messaggi.** Gli utenti sono pi propensi a rispondere a offerte e messaggi che sono pertinenti per loro.

•**Usa i dati per misurare i risultati.** Monitora le tue attivit per vedere cosa funziona e cosa non funziona.

L'acquisizione una fase fondamentale del funnel dei pirati. Se non riesci ad acquisire utenti, non potrai mai passare alle fasi successive del funnel.

La fase di attivazione il terzo step delle metriche "AAARRR" e rappresenta il momento in cui l'utente ha deciso realmente di provare il prodotto o servizio e quindi di scoprire le funzionalit che offre.

In questo step, importante che l'utente abbia un'esperienza positiva e che capisca il valore del prodotto o servizio. Se l'utente non ha una buona esperienza, pi probabile che lo disinstalli o lo abbandoni.

Per le app mobili, particolarmente importante concentrarsi sull'esperienza utente. Un'app che difficile da usare o che non offre un valore chiaro pi probabile che venga disinstallata.

Ecco alcuni consigli per migliorare la fase di attivazione:

- **Fai in modo che il prodotto o servizio sia facile da usare.** L'utente deve essere in grado di capire come funziona il prodotto o servizio il pi rapidamente possibile.

- **Fornisci un valore chiaro.** L'utente deve capire perch dovrebbe utilizzare il prodotto o servizio.

- **Offri un'esperienza coinvolgente.** L'utente deve essere motivato a continuare a utilizzare il prodotto o servizio.

Ecco alcuni esempi di attivit che possono essere utilizzate per migliorare la fase di attivazione:

- **Offri una prova gratuita o un periodo di prova.** Questo d all'utente l'opportunit di provare il prodotto o servizio senza alcun costo.

- **Fornisci un tutorial o un'assistenza clienti.** Questo aiuta l'utente a imparare a usare il prodotto o servizio.

- **Personalizza l'esperienza dell'utente.** Questo aiuta l'utente a sentirsi come se il prodotto o servizio fosse fatto per lui.

La fase di attivazione una fase importante del funnel dei pirati. Se l'utente non viene attivato, non passer alle fasi successive del funnel.

La fase di retention rappresenta il concetto di fidelizzazione di un utente. Un utente pu essere considerato fidelizzato quando torna a utilizzare il prodotto o servizio pi volte e in modo continuo.

In questa fase, importante che l'utente sia soddisfatto del prodotto o servizio e che abbia un motivo per continuare a utilizzarlo. Se l'utente non soddisfatto, pi probabile che lo abbandoni.

La fidelizzazione degli utenti importante per qualsiasi startup perch aiuta a generare entrate ripetute e a costruire una base di clienti fedeli.

Ecco alcuni consigli per migliorare la fase di retention:

- **Fai in modo che il prodotto o servizio sia di alta qualit .** L'utente deve essere soddisfatto del prodotto o servizio che sta utilizzando.

- **Offri un valore chiaro.** L'utente deve capire perch dovrebbe continuare a utilizzare il prodotto o servizio.

- **Crea un'esperienza coinvolgente.** L'utente deve essere motivato a continuare a utilizzare il prodotto o servizio.

Ecco alcuni esempi di attivit che possono essere utilizzate per migliorare la fase di retention:

•**Offri sconti e promozioni ai clienti fedeli.** Questo aiuta a dimostrare il tuo apprezzamento per i clienti che continuano a utilizzare il tuo prodotto o servizio.

•**Personalizza l'esperienza del cliente.** Questo aiuta a far sentire il cliente speciale e apprezzato.

•**Offri un programma di fidelizzazione.** Questo aiuta a premiare i clienti fedeli per il loro continuo utilizzo del tuo prodotto o servizio.

La fase di retention una fase importante del funnel dei pirati. Se gli utenti non sono fidelizzati, non genereranno entrate ripetute e la startup avr difficolt a crescere.

Per quanto riguarda le metriche, come hai sottolineato, importante scegliere le metriche giuste in base al modello di business. Ad esempio, per un ecommerce, una metrica importante potrebbe essere la frequenza di acquisto. Questa metrica misura il numero di volte che un cliente effettua un acquisto in un determinato periodo di tempo.

Altre metriche che possono essere utilizzate per misurare la retention includono:

•**Il tasso di retention mensile.** Questa metrica misura la percentuale di utenti che tornano a utilizzare il prodotto o servizio in un determinato mese.

•**Il tasso di retention annuale.** Questa metrica misura la percentuale di utenti che tornano a utilizzare il prodotto o servizio in un determinato anno.

•**Il valore della vita dell'utente (LTV).** Questa metrica misura il profitto generato da un utente nel corso della sua vita.

La scelta delle metriche da utilizzare dipende dagli obiettivi specifici della startup.

Le metriche che hai elencato sono tutte valide e possono essere utilizzate per misurare la retention.

•**Gli utenti attivi giornalieri (DAU)** sono il numero di utenti che hanno utilizzato il prodotto o servizio in un determinato giorno.

•**Gli utenti attivi settimanali (WAU)** sono il numero di utenti che hanno utilizzato il prodotto o servizio in un determinato mese.

•**Gli utenti attivi mensilmente (MAU)** sono il numero di utenti che hanno utilizzato il prodotto o servizio in un determinato mese.

•**Il tasso di abbandono del prodotto (Churn Rate)** la percentuale di utenti che smettono di utilizzare il prodotto o servizio in un determinato periodo di tempo.

•**I visitatori ritornanti sul sito questo mese** sono il numero di utenti che hanno visitato il sito web della startup in un determinato mese.

Queste metriche possono essere utilizzate per monitorare la retention nel tempo e per identificare eventuali problemi.

È vero che la retention è una metrica difficile da valutare e gestire. È importante definire chiaramente cosa si intende per fidelizzazione e scegliere le metriche giuste per misurarla.

Se il tasso di retention è basso, è importante capire il motivo. Ci sono diverse possibili cause, tra cui:

- **Il prodotto o servizio non è di alta qualità.**
- **Il prodotto o servizio non offre un valore chiaro.**
- **L'esperienza utente è negativa.**
- **Il target di riferimento è sbagliato.**

Una volta identificata la causa del problema, è possibile apportare le modifiche necessarie per migliorare la retention.

Ecco alcuni consigli per migliorare la retention:

- **Fai in modo che il prodotto o servizio sia di alta qualità.**
- **Offri un valore chiaro.**
- **Crea un'esperienza coinvolgente.**
- **Personalizza l'esperienza del cliente.**
- **Offri un programma di fidelizzazione.**

La retention è una metrica importante per qualsiasi startup. Investire nella retention è un modo per costruire una base di clienti fedeli e generare entrate ripetute.

La fase di revenue è il penultimo step delle metriche "AAARRR" e riguarda il passaggio da utente a cliente pagante.

In questa fase, l'utente effettua un acquisto del prodotto o servizio. Questo è un passaggio fondamentale per il business perché rappresenta la generazione di entrate.

Riuscire a portare un utente fino a questo step non è per nulla facile. Infatti, è molto importante lavorare bene nelle fasi precedenti, in particolare nella fase di fidelizzazione. Un utente che è soddisfatto del prodotto o servizio è più propenso a effettuare un acquisto.

La fase di revenue quella che ha un impatto maggiore sul business perch l'obiettivo finale di qualsiasi tipo di modello di business quello di generare dei profitti.

Ecco alcuni consigli per migliorare la fase di revenue:

•**Fai in modo che il prodotto o servizio sia di alta qualit e offra un valore chiaro.**

•**Personalizza l'esperienza dell'utente.**

•**Offri sconti e promozioni.**

•**Crea un processo di acquisto facile e intuitivo.**

La fase di revenue una fase importante del funnel dei pirati. Se non riesci a generare entrate, la startup non sar in grado di crescere e prosperare.

Ecco alcune metriche che possono essere utilizzate per misurare la fase di revenue:

•**Il tasso di conversione da retention a revenue**. Questa metrica misura la percentuale di utenti che effettuano un acquisto dopo aver utilizzato il prodotto o servizio per un certo periodo di tempo.

•**Il valore medio dell'ordine (AOV)**. Questa metrica misura la quantit media spesa da un cliente per un ordine.

•**Il tasso di abbandono del carrello**. Questa metrica misura la percentuale di utenti che abbandonano il carrello prima di completare l'acquisto.

La scelta delle metriche da utilizzare dipende dagli obiettivi specifici della startup.

Le metriche che hai elencato sono tutte valide e possono essere utilizzate per misurare la fase di revenue.

•**L'ARPU (Average Revenue Per User)** il ricavo medio ottenuto per ogni singolo utente. Questa metrica importante perch misura la redditivit di ogni utente.

•**La frequenza con cui avvengono gli acquisti** una metrica importante perch misura la fedelt dei clienti.

•**Il LTV (Life Time Value)** il profitto prevedibile in base alla relazione con i clienti, a partire dal loro comportamento d'acquisto. Questa metrica importante perch misura il valore potenziale di un cliente nel corso della sua vita.

•**Le revenue ricorrenti ogni mese** sono i ricavi generati dagli abbonamenti o da altri tipi di pagamenti ricorrenti. Questa metrica importante perch misura la stabilit dei ricavi.

•**Il tasso di conversione da prova del prodotto/servizio a versione a pagamento dello stesso** una metrica importante per le startup che offrono una prova gratuita o un periodo di prova.

•**Il tasso di crescita delle revenue su base mensile o annuale** una metrica importante per misurare il successo della startup.

La scelta delle metriche da utilizzare dipende dagli obiettivi specifici della startup. Ad esempio, una startup che si concentra sulla crescita rapida potrebbe concentrarsi sul tasso di crescita delle revenue. Una startup che si concentra sulla fidelizzazione dei clienti potrebbe concentrarsi sul LTV.

Ecco alcuni consigli per migliorare la fase di revenue:

- **Fai in modo che il processo di acquisto sia facile e intuitivo.**
- **Offri sconti e promozioni per incentivare gli acquisti.**
- **Personalizza l'esperienza di acquisto per i clienti fidelizzati.**

La fase di revenue una fase fondamentale del funnel dei pirati. Se riesci a generare entrate, la startup sar in grado di crescere e prosperare.

La fase di referral l'ultimo step delle metriche "AAARRR" e riguarda il momento in cui un cliente soddisfatto del prodotto o servizio consiglia l'utilizzo ad altri utenti.

Questa fase molto importante perch tramite questo sistema di passaparola si pu aspirare a una crescita significativa.

Ecco alcuni consigli per migliorare la fase di referral:

- **Crea un programma di referral che sia attraente per i clienti.** Il programma dovrebbe offrire ai clienti un incentivo per consigliare il prodotto o servizio ad altri utenti.
- **Fai in modo che sia facile per i clienti condividere il prodotto o servizio con gli altri.** Fornisci ai clienti i mezzi per condividere il prodotto o servizio sui social media, tramite email o altri canali.
- **Rendi il prodotto o servizio cos buono che i clienti siano naturalmente propensi a consigliarlo ad altri.**

La fase di referral una fase importante del funnel dei pirati. Se riesci a creare un sistema di referral efficace, puoi generare una crescita significativa per la tua startup.

Ecco alcune metriche che possono essere utilizzate per misurare la fase di referral:

- **Il tasso di referral**. Questa metrica misura la percentuale di utenti che consigliano il prodotto o servizio ad altri.

- **Il valore del referral**. Questa metrica misura il valore di un cliente che viene acquisito tramite referral.

La scelta delle metriche da utilizzare dipende dagli obiettivi specifici della startup.

L'obiettivo principale della fase di referral   riuscire a coinvolgere il pi   possibile i clienti, facendo in modo che questi diventino dei veri promoter del prodotto. Un prodotto/servizio che viene consigliato da qualcuno che lo ha gi   utilizzato   molto pi convincente di qualsiasi tipo di pubblicit , soprattutto se si conosce personalmente la persona che lo sta consigliando.

Uno strumento molto importante in questa fase   l'utilizzo dei social. I social media possono essere utilizzati per condividere contenuti interessanti sul prodotto o servizio, per invitare gli utenti a provare il prodotto o servizio o per raccogliere recensioni.

Le metriche che hai elencato sono tutte valide e possono essere utilizzate per misurare la fase di referral.

- **Il numero di condivisioni di un certo contenuto sui social**   una metrica importante perch   misura la diffusione del prodotto o servizio sui social media.

- **Il numero medio per utente di inviti inviati a nuovi utenti**   una metrica importante perch   misura la propensione dei clienti a invitare altri utenti.

- **Il numero di recensioni mensili ricevute**   una metrica importante perch   misura la soddisfazione dei clienti.

- **Il bilancio recensioni negative e positive**   una metrica importante perch   misura il livello di soddisfazione dei clienti.

- **Il Net Promoted Score (NPS)**   una metrica che misura la probabilit   che un cliente raccomandi un prodotto o servizio ad altri.

- **Il K-Factor**   una metrica che misura la crescita virale di un prodotto o servizio.

La scelta delle metriche da utilizzare dipende dagli obiettivi specifici della startup. Ad esempio, una startup che si concentra sulla crescita tramite i social media potrebbe concentrarsi sul numero di condivisioni sui social. Una startup che si concentra sulla soddisfazione dei clienti potrebbe concentrarsi sul numero di recensioni positive.

Ecco alcuni consigli per migliorare la fase di referral:

- **Crea un programma di referral che sia attraente per i clienti.** Il programma dovrebbe offrire ai clienti un incentivo per consigliare il prodotto o servizio ad altri utenti.

- **Fai in modo che sia facile per i clienti condividere il prodotto o servizio con gli altri.** Fornisci ai clienti i mezzi per condividere il prodotto o servizio sui social media, tramite email o altri canali.

- **Rendi il prodotto o servizio cos buono che i clienti siano naturalmente propensi a consigliarlo ad altri.**

La fase di referral   una fase importante del funnel dei pirati. Se riesci a creare un sistema di referral efficace, puoi generare una crescita significativa per la tua startup.

Se il modello di business riguarda un software gestionale che non prevede una versione prova, subito dopo lo step di awareness ci sar   quello di revenue e poi a seguire tutti gli altri step.

In questo caso, il funnel sarebbe strutturato come segue:

1.**Awareness**
2.**Revenue**
3.**Activation**
4.**Retention**
5.**Referral**

In questo modo, la startup pu   concentrarsi subito sulla generazione di entrate, senza dover prima convincere gli utenti a provare il prodotto o servizio.

Ecco alcuni altri esempi di come l'ordine degli step pu   essere personalizzato in base al modello di business:

•**Un prodotto o servizio che richiede un investimento iniziale elevato, come un'auto o una casa, potrebbe iniziare con lo step di revenue e poi passare agli step successivi.**

•**Un prodotto o servizio che si basa sul passaparola, come un social network, potrebbe iniziare con lo step di referral e poi passare agli step successivi.**

L'importante   assicurarsi che l'ordine degli step sia coerente con gli obiettivi della startup e con il modello di business.

Dopo aver creato il funnel adattato al modello di business da seguire, il Growth Hacker deve individuare la fase del funnel che in quel momento ha più bisogno di attenzioni.

La fase del funnel da migliorare può essere identificata analizzando i dati e le metriche di performance. Ad esempio, se il tasso di conversione da awareness a activation è basso, significa che la startup sta perdendo potenziali utenti durante la fase di scoperta del prodotto o servizio.

Una volta identificata la fase da migliorare, il Growth Hacker deve focalizzarsi su quella fase e utilizzare tutte le risorse a disposizione per risolvere il problema.

Ecco alcuni consigli per migliorare una fase del funnel:

- **Testare diverse idee e soluzioni.** Il Growth Hacking è un approccio basato sul test e sull'apprendimento. Il Growth Hacker deve testare diverse idee e soluzioni per trovare quella che funziona meglio.

- **Fare uso di strumenti e tecnologie.** Esistono molti strumenti e tecnologie che possono aiutare a migliorare le prestazioni del funnel. Il Growth Hacker deve utilizzare gli strumenti e le tecnologie giusti per raggiungere i suoi obiettivi.

- **Collaborare con altre persone.** Il Growth Hacking è un lavoro di squadra. Il Growth Hacker deve collaborare con altre persone, come gli sviluppatori, i designer e i marketer, per migliorare il funnel.

Concentrarsi su una fase del funnel alla volta è un modo efficace per migliorare la crescita della startup.

L'OMTM, o "One Metric That Matters", è una singola metrica che rappresenta l'obiettivo primario di una startup in una determinata fase di vita.

L'OMTM è importante perché aiuta a focalizzare le energie e le risorse della startup su un obiettivo chiaro e misurabile. Quando il team è concentrato su un'unica metrica, è più facile identificare le opportunità di crescita e apportare modifiche al prodotto o al servizio per migliorare le prestazioni.

L'OMTM deve essere scelta in base agli obiettivi della startup e alla fase di vita in cui si trova. Ad esempio, una startup che sta lanciando un nuovo prodotto potrebbe scegliere come OMTM il numero di utenti che si iscrivono al prodotto. Una startup che sta cercando di aumentare le entrate potrebbe scegliere come OMTM il fatturato.

L'OMTM deve essere una metrica che sia:

- **Importante:** deve essere una metrica che sia fondamentale per il successo della startup.

- **Misurabile:** deve essere una metrica che si possa misurare in modo accurato.

•**Influenziabile:** deve essere una metrica che la startup possa influenzare con le sue azioni.

L'OMTM deve essere rivista regolarmente per assicurarsi che sia ancora pertinente e che sia ancora il miglior indicatore del successo della startup.

Ecco alcuni consigli per scegliere l'OMTM:

•**Considera gli obiettivi della tua startup.** Quali sono le cose che vuoi ottenere con la tua startup?

•**Valuta la fase di vita in cui si trova la tua startup.** Quali sono le tue priorit in questa fase?

•**Confrontati con il tuo team.** Qual la metrica su cui tutti sono d'accordo?

Scegliere l'OMTM un passo importante per creare una strategia di successo per la tua startup.

Una metrica OMTM risponde alla domanda principale che la startup si pone in una determinata fase di vita.

Durante la fase di crescita del business, le startup si trovano ad affrontare una serie di sfide e opportunit . importante che le startup siano in grado di identificare le aree pi critiche e concentrarsi su di esse per ottenere risultati concreti.

Una metrica OMTM pu aiutare le startup a rispondere alla domanda principale che si pongono, concentrando le loro energie e risorse su un obiettivo chiaro e misurabile.

Ecco alcuni esempi di domande a cui una metrica OMTM pu rispondere:

•**Quanti nuovi utenti si iscrivono al nostro prodotto o servizio?**

•**Quanti utenti attivi hanno utilizzato il nostro prodotto o servizio nell'ultimo mese?**

•**Quanto denaro abbiamo generato dalle vendite del nostro prodotto o servizio?**

•**Qual il tasso di soddisfazione dei nostri clienti?**

La scelta della metrica OMTM importante e deve essere fatta con attenzione. La metrica OMTM deve essere:

•**Importante:** deve essere una metrica che sia fondamentale per il successo della startup.

•**Misurabile:** deve essere una metrica che si possa misurare in modo accurato.

•**Influenziabile:** deve essere una metrica che la startup possa influenzare con le sue azioni.

La metrica OMTM deve essere rivista regolarmente per assicurarsi che sia ancora pertinente e che sia ancora il miglior indicatore del successo della startup.

Ecco alcuni consigli per scegliere la metrica OMTM:

- **Considera gli obiettivi della tua startup.** Quali sono le cose che vuoi ottenere con la tua startup?
- **Valuta la fase di vita in cui si trova la tua startup.** Quali sono le tue priorit in questa fase?
- **Confrontati con il tuo team.** Qual la metrica su cui tutti sono d'accordo?

Una metrica OMTM aiuta a tracciare obiettivi chiari e concreti.

Dopo aver identificato il problema chiave su cui concentrarsi, necessario impostare degli obiettivi che siano chiari e concreti. Gli obiettivi devono essere specificati, misurabili, raggiungibili, rilevanti e limitati nel tempo.

Una volta individuata l'OMTM, gli obiettivi devono essere impostati in modo da migliorare quella metrica. Ad esempio, se l'OMTM il numero di nuovi utenti che si iscrivono al prodotto o servizio, gli obiettivi potrebbero essere:

- **Aumentare il numero di nuovi utenti del 20% entro la fine del trimestre.**
- **Raggiungere 10.000 nuovi utenti entro la fine dell'anno.**

Gli obiettivi devono essere chiari e concreti in modo che il team possa comprenderli e misurare i loro progressi.

Ecco alcuni consigli per impostare obiettivi chiari e concreti:

- **Usa un linguaggio specifico e concreto.**
- **Evita di usare termini vaghi o astratti.**
- **Definisci un valore numerico o una percentuale.**
- **Stabilisci una scadenza.**

Gli obiettivi chiari e concreti aiutano il team a rimanere concentrato e a raggiungere i risultati desiderati.

L'OMTM deve essere il focus di tutto il team.

Tutti i membri del team devono essere a conoscenza dell'OMTM e devono essere coinvolti nel suo miglioramento. L'OMTM deve essere al centro dell'attenzione di tutti, in modo che tutti i membri del team siano a conoscenza dell'andamento dei risultati che si ottengono.

Ecco alcuni consigli per rendere l'OMTM il focus di tutto il team:

- **Comunica l'OMTM a tutto il team in modo chiaro e conciso.**
- **Traccia i progressi dell'OMTM in tempo reale e condividili con il team.**
- **Fai in modo che il team sia coinvolto nel processo di miglioramento dell'OMTM.**

Quando l'OMTM   il focus di tutto il team,   pi   probabile che la startup raggiunga i suoi obiettivi di crescita.

Ecco alcuni esempi di come l'OMTM pu   essere comunicata a tutto il team:

- **Puoi creare un poster o un grafico che visualizza l'OMTM.**
- **Puoi creare un foglio di calcolo che traccia i progressi dell'OMTM.**
- **Puoi tenere riunioni regolari per discutere dell'OMTM.**

   importante che l'OMTM sia comunicata in modo che sia facile da capire e da seguire.

L'OMTM pu   aiutare a ispirare una cultura della sperimentazione all'interno di una startup.

La sperimentazione   fondamentale per le startup che vogliono crescere e prosperare. Le startup devono essere in grado di testare nuove idee e soluzioni per trovare quelle che funzionano meglio.

L'OMTM pu   aiutare a ispirare una cultura della sperimentazione in diversi modi:

- **Focalizzando l'attenzione del team su un obiettivo chiaro e misurabile.** Quando il team concentrato su un obiettivo,   pi   probabile che sia disposto a sperimentare nuove idee per raggiungerlo.
- **Fornendo un feedback costante sul progresso del team.** Quando il team vede che i suoi esperimenti stanno dando risultati,   pi   probabile che continui a sperimentare.
- **Creando un senso di urgenza.** Quando il team   consapevole che l'OMTM   importante per il successo della startup,   pi   probabile che sia disposto a sperimentare nuove idee in modo rapido ed efficiente.

Ecco alcuni esempi di come l'OMTM pu   essere utilizzata per ispirare una cultura della sperimentazione:

•**Una startup che sta cercando di aumentare il numero di nuovi utenti potrebbe testare diverse idee per migliorare il processo di iscrizione.**

•**Una startup che sta cercando di aumentare il valore della vita del cliente potrebbe testare diverse idee per migliorare la soddisfazione dei clienti.**

•**Una startup che sta cercando di ridurre i costi potrebbe testare diverse idee per migliorare l'efficienza operativa.**

importante che l'OMTM sia comunicata in modo chiaro e conciso in modo che il team possa comprendere l'importanza della sperimentazione.

le cinque regole pratiche da seguire in fase di definizione di una OMTM.

Regola 1: Una frequenza o un rapporto   migliore di un valore assoluto o cumulativo.

I numeri assoluti tendono a essere metriche di vanit , perch non tengono conto del contesto. Ad esempio, il numero totale di utenti di un prodotto o servizio pu essere alto, ma se la maggior parte di questi utenti non attiva, allora quella metrica non molto utile.

Le frequenze e i rapporti, invece, sono pi utili perch tengono conto del contesto. Ad esempio, la frequenza di utilizzo di un prodotto o servizio un'indicazione migliore del suo successo rispetto al numero totale di utenti.

Regola 2: Deve essere comparativa con altri periodi temporali, siti o segmenti.

La comparazione fondamentale per capire se una metrica sta migliorando o peggiorando. Ad esempio, se il numero di nuovi utenti acquisiti aumentato del 10% rispetto alla settimana precedente, allora un segno positivo.

La comparazione pu essere fatta con diversi parametri, come il tempo, il sito o il segmento di utenti.

Regola 3: Una buona metrica deve essere semplice e facile da comprendere.

Una metrica complessa difficile da capire e da misurare. importante che una metrica sia semplice e facile da comprendere da tutti i membri del team.

Regola 4: Per le metriche "contabili" che si riferiscono allo stato del business, una buona metrica   quella che rende le previsioni pi   accurate.

Le metriche contabili sono quelle che misurano lo stato del business, come il fatturato, l'EBITDA e il profitto. Una buona metrica contabile   quella che rende le previsioni pi   accurate.

Ad esempio, il tasso di conversione   una metrica contabile importante perch   pu   essere utilizzata per prevedere il fatturato.

Regola 5: Per le metriche "sperimentali" che si utilizzano per ottimizzare il prodotto, i prezzi o il mercato, bisogna scegliere una che impatti sui comportamenti aziendali.

Le metriche sperimentali sono quelle che vengono utilizzate per ottimizzare il prodotto, i prezzi o il mercato. Una buona metrica sperimentale   quella che impatti sui comportamenti aziendali.

Ad esempio, il tasso di abbandono   una metrica sperimentale importante perch   pu   essere utilizzata per identificare le aree del prodotto o servizio che devono essere migliorate.

In conclusione,   importante seguire queste cinque regole per costruire una buona metrica. Una buona metrica   fondamentale per il successo di una startup.

FORMAZIONE

Il Growth Hacker   una figura professionale il cui obiettivo principale   far crescere un business.

Il Growth Hacker   una figura nata all'interno dell'ambiente startup, ma   sempre pi   ricercata anche da aziende pi   tradizionali. Il nome Growth Hacker deriva dall'approccio del Growth Hacking, che   un insieme di strategie e tecniche volte a far crescere rapidamente un business.

Il Growth Hacker deve avere sia delle skill tecniche che di marketing. Le skill tecniche sono necessarie per comprendere come funzionano i sistemi e le piattaforme digitali, mentre le skill di marketing sono necessarie per comprendere il comportamento dei consumatori e creare strategie di comunicazione efficaci.

Ecco alcune delle competenze che un Growth Hacker deve avere:

- **Analisi dei dati**
- **Creativit**
- **Problem Solving**
- **Test Driven Development**
- **Marketing**
- **SEO**
- **SEM**
- **Social Media Marketing**

Il Growth Hacker   una figura fondamentale per il successo di un business.   colui che si occupa di identificare le opportunit   di crescita e di implementare le strategie necessarie per sfruttarle.

Negli annunci di lavoro la figura del Growth Hacker viene chiamata anche con diversi nomi, come Growth Manager, Growth Marketer o Head of Growth.

Questi diversi nomi riflettono le diverse responsabilit   che la figura pu   avere in un'azienda. Ad esempio, un Growth Manager   responsabile della crescita dell'azienda in generale, mentre un Growth Marketer   responsabile della crescita del marketing dell'azienda.

Tuttavia, l'obiettivo e le skill da tenere in considerazione per queste figure sono le stesse. Queste figure devono avere sia delle skill tecniche che di marketing, come:

- **Analisi dei dati**
- **Creativit**
- **Problem Solving**

- **Test Driven Development**

- **Marketing**

- **SEO**

- **SEM**

- **Social Media Marketing**

Effettuando una ricerca su LinkedIn, sulle posizioni di lavoro aperte in tutto il mondo e considerando le varie varianti con cui viene chiamata questa figura, i risultati delle offerte di lavoro trovati superano i 200.000. Questo dato conferma come questa figura   in questo periodo molto ricercata.

La crescente domanda di figure Growth Hacker   dovuta a diversi fattori, tra cui:

- **La digitalizzazione dei mercati**
- **La crescente importanza delle strategie di growth marketing**
- **La necessit   di far crescere le aziende in modo rapido ed efficiente**

Le aziende che vogliono crescere e prosperare in questo contesto devono investire nella figura del Growth Hacker.

L'elemento verticale della formazione a T rappresenta la profondità delle conoscenze. Un Growth Hacker ideale deve avere una profonda conoscenza di un'area specifica, come l'analisi dei dati, il marketing o il design. Questa conoscenza approfondita gli permette di comprendere a fondo i problemi e di trovare soluzioni efficaci.

L'elemento orizzontale della formazione a T rappresenta l'ampiezza delle conoscenze. Un Growth Hacker ideale deve avere una conoscenza generale di diverse aree, come il marketing, la tecnologia, il business e la psicologia. Questa conoscenza generale gli permette di vedere il quadro generale e di trovare soluzioni creative.

In conclusione, la formazione a T   una combinazione di conoscenze approfondite e conoscenze generali. Questa combinazione   essenziale per un Growth Hacker che vuole avere successo.

La formazione a T permette al Growth Hacker di specializzarsi in due o tre aree specifiche, come l'analisi dei dati, il marketing o il design. Questa specializzazione gli permette di diventare un esperto in un'area specifica e di contribuire in modo

significativo al successo dell'azienda.

La formazione a T permette anche al Growth Hacker di ampliare la sua conoscenza su altre aree, come il marketing, la tecnologia, il business e la psicologia. Questa conoscenza generale gli permette di vedere il quadro generale e di trovare soluzioni creative.

In conclusione, la formazione a T una combinazione di conoscenze approfondite e conoscenze generali. Questa combinazione essenziale per un Growth Hacker che vuole avere successo.

Ecco alcuni esempi di come la formazione a T pu essere utile per un Growth Hacker:

- **Un Growth Hacker che si specializza in analisi dei dati pu utilizzare le sue conoscenze per identificare opportunit di crescita e misurare l'efficacia delle strategie di growth marketing.**

- **Un Growth Hacker che si specializza in marketing pu utilizzare le sue conoscenze per creare campagne di marketing efficaci e raggiungere il target di riferimento.**

- **Un Growth Hacker che si specializza in design pu utilizzare le sue conoscenze per creare prodotti e servizi user-friendly che soddisfino le esigenze dei clienti.**

La formazione a T un poroorco di oroccita cho richiede impegno e dedizione. Tuttavia, un percorso che pu portare a grandi risultati per la carriera di un Growth Hacker.

IBM è stata una delle prime grandi aziende tecnologiche a investire nella formazione di figure professionali di tipo "T-shaped".

In un articolo pubblicato nel 2009, IBM ha comunicato che i progetti futuri per la formazione di personale, in collaborazione con le universit , si sarebbero focalizzati sulla formazione di un nuovo tipo di "professionista della conoscenza del 21° secolo", ovvero una "persona a forma T".

Il supporto di IBM ha aiutato molto a valorizzare questo tipo di figura. L'azienda ha riconosciuto l'importanza di avere dipendenti con una combinazione di conoscenze approfondite e conoscenze generali.

IBM ha anche sviluppato un programma di formazione a T per i propri dipendenti. Questo programma ha aiutato i dipendenti a sviluppare le competenze necessarie per avere successo in un ambiente lavorativo in continua evoluzione.

Il supporto di IBM ha contribuito a diffondere la formazione a T in tutto il mondo. Sempre pi aziende stanno investendo in questo tipo di formazione per i propri dipendenti.

Ecco alcuni dei benefici che le aziende possono ottenere investendo nella formazione a T:

- **I dipendenti sono pi preparati per affrontare le sfide di un ambiente lavorativo in continua evoluzione.**
- **I dipendenti sono pi creativi e innovativi.**
- **I dipendenti sono pi collaborativi e sono in grado di lavorare meglio in team.**

La formazione a T un investimento che pu portare grandi risultati per le aziende.

Il marketer e il growth hacker sono due figure professionali diverse, con obiettivi e responsabilit diversi.

Il marketer si occupa di marketing, ovvero di promuovere un prodotto o servizio attraverso una serie di attivit , come la pubblicit , la comunicazione e la vendita. Il suo obiettivo aumentare la consapevolezza del marchio e generare lead.

Il growth hacker, invece, si occupa di crescita. Il suo obiettivo far crescere un'azienda in modo rapido ed efficiente. Per raggiungere questo obiettivo, il growth hacker utilizza una serie di strategie e tecniche, tra cui il marketing, l'analisi dei dati, la sperimentazione e l'innovazione.

Il marketing uno strumento importante per il growth hacker, ma non l'unico. Il growth hacker lavora a 360° su tutti gli aspetti di un'azienda, anche quelli che non coinvolgono il marketing, come il prodotto, il business model, i processi e i dati.

Ecco alcuni esempi di come il growth hacker pu lavorare a 360° su un'azienda:

- **Pu lavorare sul prodotto per migliorarne l'usabilit e la soddisfazione dei clienti.**

- Può lavorare sul business model per aumentarne l'efficienza e la redditività.

- Può lavorare sui processi per migliorarne l'efficacia e l'efficienza.

- Può lavorare sui dati per identificare opportunità di crescita e misurare l'efficacia delle strategie di growth marketing.

In conclusione, il marketer e il growth hacker sono due figure professionali diverse, con obiettivi e responsabilità diversi. Il marketer si concentra sul marketing, mentre il growth hacker si concentra sulla crescita.

Il marketer e il growth hacker sono figure complementari che possono lavorare insieme per ottenere risultati migliori.

Il marketer ha una profonda conoscenza dei canali di marketing e delle tecniche di comunicazione. Il growth hacker, invece, ha una visione più olistica della crescita aziendale e può utilizzare le sue competenze per identificare opportunità di crescita in tutti i reparti dell'azienda.

Ecco alcuni esempi di come marketer e growth hacker possono lavorare insieme:

- **Il marketer può utilizzare le sue conoscenze dei canali di marketing per aiutare il growth hacker a raggiungere il target di riferimento.**

- **Il growth hacker può utilizzare le sue competenze di analisi dei dati per aiutare il marketer a misurare l'efficacia delle campagne di marketing.**

- **Il growth hacker può utilizzare le sue competenze di sperimentazione per aiutare il marketer a trovare nuove strategie di marketing efficaci.**

In conclusione, il marketer e il growth hacker sono due figure complementari che possono lavorare insieme per ottenere risultati migliori. Il marketer può fornire al growth hacker le sue conoscenze e competenze di marketing, mentre il growth hacker può fornire al marketer una visione più olistica della crescita aziendale.

In particolare, la citazione che hai riportato evidenzia due punti di complementarità tra marketer e growth hacker:

- **La visione olistica della crescita aziendale:** il growth hacker ha una visione più olistica della crescita aziendale, che non si limita al marketing. Questo gli permette di identificare opportunità di crescita in tutti i reparti dell'azienda.

- **La capacit di lavorare a cavallo di diversi dipartimenti:** il growth hacker ha la capacit di lavorare a cavallo di diversi dipartimenti, cosa che gli permette di comprendere le esigenze di tutti i reparti e di trovare soluzioni che siano efficaci per l'intera azienda.

- I CEO la figura che deve avere una visione chiara della strategia aziendale e della crescita dell'azienda. Il growth hacker, invece, la figura che deve mettere in pratica la strategia aziendale e misurare i risultati.

  In una startup particolarmente importante che il CEO abbia una forte cultura della crescita. Questo perch le startup devono crescere rapidamente per sopravvivere e prosperare.

  Il CEO deve essere in grado di identificare opportunit di crescita e di sviluppare strategie per sfruttarle. Deve anche essere in grado di motivare e ispirare il team a lavorare per la crescita dell'azienda.

  Il growth hacker, invece, deve essere in grado di implementare le strategie di crescita del CEO. Deve anche essere in grado di misurare i risultati delle strategie e di identificare eventuali aree di miglioramento.

  In conclusione, sia il CEO che il growth hacker sono figure fondamentali per la crescita di una startup. Il CEO deve avere una visione chiara della strategia aziendale, mentre il growth hacker deve essere in grado di implementare le strategie e misurare i risultati.

  Ecco alcuni consigli per le startup che vogliono avere una cultura della crescita:

  - **Il CEO deve essere un leader carismatico e visionario che sia in grado di ispirare il team.**

  - **L'azienda deve avere una cultura del feedback e dell'apprendimento.**

  - **L'azienda deve essere sempre alla ricerca di nuove opportunit di crescita.**

  Se una startup pu seguire questi consigli, avr maggiori possibilit di successo.

- Il growth hacking un approccio alla crescita aziendale che si basa su alcuni principi fondamentali, tra cui:

  - **L'approccio lean:** il growth hacker si concentra sui risultati e sull'apprendimento, piuttosto che sulla pianificazione e sulla perfezione.

  - **L'attenzione ai dati:** il growth hacker utilizza i dati per misurare l'efficacia delle sue strategie e per identificare nuove opportunit di crescita.

  - **Il pensiero laterale:** il growth hacker in grado di pensare fuori dagli schemi e di trovare soluzioni innovative ai problemi.

•**La sperimentazione continua:** il growth hacker   in grado di sperimentare rapidamente e di imparare dagli errori.

Questi principi sono in contrasto con alcuni aspetti della cultura imprenditoriale mainstream, che spesso   basata su una pianificazione a lungo termine, su una visione ristretta dei dati e su un approccio tradizionale al marketing.

Il growth hacking   quindi un approccio che pu   aiutare le startup a superare queste lacune e a crescere a ritmi rapidissimi.

Ecco alcuni esempi di come il growth hacking pu   essere utilizzato da una startup:

•**Per identificare nuove opportunit   di crescita:** il growth hacker pu   utilizzare i dati per identificare nuovi segmenti di mercato, nuovi canali di marketing o nuove funzionalit   da aggiungere al prodotto.

•**Per migliorare l'efficacia delle strategie di marketing:** il growth hacker pu   utilizzare la sperimentazione per trovare le strategie di marketing che funzionano meglio per la startup.

•**Per ridurre il costo di acquisizione dei clienti:** il growth hacker pu   utilizzare strategie di marketing a basso costo, come il passaparola o il content marketing.

Se una startup pu   implementare un approccio di growth hacking, avr   maggiori possibilit   di successo.

- Il growth hacking   un approccio multidisciplinare che richiede una combinazione di conoscenze teoriche e pratiche.

Le basi teoriche sono importanti perch   forniscono una comprensione dei principi fondamentali del growth hacking. Senza solide basi teoriche,   difficile padroneggiare questo approccio e ottenere risultati concreti.

Le conoscenze pratiche sono importanti perch   consentono di mettere in pratica i concetti teorici e di imparare dai propri errori. Senza conoscenze pratiche,   difficile comprendere come trasformare i concetti teorici in una strategia e poi in operativit .

In conclusione,   importante trovare un equilibrio tra basi teoriche e conoscenze pratiche.   necessario avere una solida comprensione dei principi fondamentali del growth hacking, ma   anche importante mettere in pratica le proprie conoscenze e imparare dagli errori.

Ecco alcuni consigli per acquisire basi teoriche e conoscenze pratiche nel growth hacking:

- **Leggi libri e articoli di esperti di growth hacking.**

- **Iscriviti a corsi online o partecipa a workshop.**

- **Lavora su progetti reali, anche personali e nel tempo libero.**

Seguindo questi consigli, sarai in grado di sviluppare le competenze necessarie per diventare un growth hacker di successo.

CONCLUSIONI

L'utilizzo del growth hacking da parte di una startup pu realmente risolvere il problema della crescita del business.

Il growth hacking   un approccio che si basa su una serie di principi fondamentali, tra cui:

•**L'approccio lean:** il growth hacker si concentra sui risultati e sull'apprendimento, piuttosto che sulla pianificazione e sulla perfezione.

•**L'attenzione ai dati:** il growth hacker utilizza i dati per misurare l'efficacia delle sue strategie e per identificare nuove opportunit di crescita.

•**Il pensiero laterale:** il growth hacker   in grado di pensare fuori dagli schemi e di trovare soluzioni innovative ai problemi.

•**La sperimentazione continua:** il growth hacker   in grado di sperimentare rapidamente e di imparare dagli errori.

Questi principi sono particolarmente adatti alle startup, che spesso hanno risorse limitate e devono crescere rapidamente.

Il growth hacking pu aiutare le startup a risolvere il problema della crescita del business in diversi modi, tra cui:

•**Identificare nuove opportunit di crescita:** il growth hacker pu utilizzare i dati per identificare nuovi segmenti di mercato, nuovi canali di marketing o nuove funzionalit da aggiungere al prodotto.

•**Migliorare l'efficacia delle strategie di marketing:** il growth hacker pu utilizzare la sperimentazione per trovare le strategie di marketing che funzionano meglio per la startup.

•**Ridurre il costo di acquisizione dei clienti:** il growth hacker pu utilizzare strategie di marketing a basso costo, come il passaparola o il content marketing.

Naturalmente, il successo del growth hacking dipende da una serie di fattori, tra cui:

•**L'esperienza e le competenze del team di growth hacking.**

•**La qualit dei dati utilizzati.**

•**L'abilit di sperimentare e imparare dagli errori.**

Tuttavia, se implementato correttamente, il growth hacking pu essere uno strumento molto efficace per le startup che vogliono crescere rapidamente.

In merito alla considerazione che il growth hacking non inventa nulla,   vero che le metodologie e gli strumenti utilizzati provengono da discipline gi esistenti. Tuttavia, il growth hacking le integra in un modo nuovo o innovativo, oroando un approccio che pi adatto alle esigenze delle startup

In conclusione, il growth hacking   un approccio efficace che pu aiutare le startup a risolvere il problema della crescita del business.

L'approccio tradizionale al marketing   spesso basato su una pianificazione a lungo termine e su una visione statica del mercato. Questo approccio pu essere efficace per le aziende consolidate, che hanno un pubblico consolidato e un budget marketing elevato.

Tuttavia, questo approccio   meno efficace per le startup, che spesso hanno un pubblico in fase di definizione e un budget marketing limitato.

Il growth hacking, invece,   un approccio che si basa su una serie di principi che sono particolarmente adatti alle startup:

- **L'approccio lean:** il growth hacker si concentra sui risultati e sull'apprendimento, piuttosto che sulla pianificazione e sulla perfezione.

- **L'attenzione ai dati:** il growth hacker utilizza i dati per misurare l'efficacia delle sue strategie e per identificare nuove opportunità di crescita.

- **Il pensiero laterale:** il growth hacker è in grado di pensare fuori dagli schemi e di trovare soluzioni innovative ai problemi.

- **La sperimentazione continua:** il growth hacker è in grado di sperimentare rapidamente e di imparare dagli errori.

Questi principi consentono al growth hacker di trovare soluzioni efficaci in tempi rapidi, anche con risorse limitate.

In particolare, la sperimentazione continua è una delle caratteristiche più importanti del growth hacking. La sperimentazione consente al growth hacker di testare rapidamente diverse strategie e di identificare quelle che funzionano meglio.

La sperimentazione è particolarmente importante per le startup, che spesso hanno bisogno di trovare soluzioni rapide per crescere.

In conclusione, l'approccio al marketing fatto di esperimenti continui e veloci è il modo più efficace per trovare una soluzione, soprattutto nel mondo startup.

L'approccio di tipo growth hacking può aiutare realmente una startup, perché può aiutare a ottimizzare al meglio le risorse, che sono spesso limitate.

Come hai notato anche durante la tua esperienza di tirocinio, l'errore più comune che spesso viene commesso dalle startup riguarda l'errata gestione delle risorse. Le startup hanno spesso un budget limitato e devono quindi essere in grado di ottimizzarlo al meglio.

Il growth hacking può aiutare le startup a ottimizzare le risorse in diversi modi, tra cui:

- **Utilizzando la sperimentazione continua:** il growth hacker può testare rapidamente diverse strategie e identificare quelle che funzionano meglio, anche con un budget limitato.

- **Utilizzando i dati:** il growth hacker pu utilizzare i dati per misurare l'efficacia delle sue strategie e per identificare nuove opportunit di crescita.

- **Pensando fuori dagli schemi:** il growth hacker in grado di pensare fuori dagli schemi e di trovare soluzioni innovative che possono essere pi efficaci ed efficienti rispetto alle soluzioni tradizionali.

In conclusione, l'approccio di tipo growth hacking pu essere uno strumento molto efficace per le startup che vogliono ottimizzare le risorse e crescere rapidamente.

In particolare, la figura del growth hacker pu essere essenziale per una startup perch ha le competenze e le conoscenze necessarie per applicare questo approccio in modo efficace. Il growth hacker in grado di:

- **Capire i principi del growth hacking.**
- **Applicare i principi del growth hacking in modo efficace.**
- **Utilizzare i dati per misurare l'efficacia delle sue strategie.**
- **Pensare fuori dagli schemi e trovare soluzioni innovative.**

Se una startup pu trovare un growth hacker qualificato, pu avere un vantaggio significativo rispetto alle altre startup che non hanno questa figura nel team.

BIBLIOGRAFIA

Ecco una bibliografia di alcuni libri e articoli sull'argomento growth hacking:

•**Growth Hacker Marketing: A Primer on the High-Growth Marketing Movement That Took Silicon Valley by Storm** di Sean Ellis e Morgan Brown (2010)

•**Traction: How Any Startup Can Achieve Explosive Customer Growth** di Gabriel Weinberg e Justin Mares (2014)

•**The Lean Startup** di Eric Ries (2011)

•**Hooked: How to Build Habit-Forming Products** di Nir Eyal (2014)

•**Invisible Selling Machines: Turning Social Media into Customers** di Ryan DeMarra e Jay Baer (2011)

•**Permission Marketing: Turning Strangers into Friends and Friends into Customers** di Seth Godin (1999)

•**The Long Tail: Why the Future of Business Is Selling Less of More** di Chris Anderson (2006)

•**Crossing the Chasm: Marketing and Selling Disruptive Products to Mainstream Customers** di Geoffrey A. Moore (1991)

•**The Innovator's Dilemma: When New Technologies Cause Great Firms to Fail** di Clayton M. Christensen (1997)